Gertrud Ennulat

Im Zeichen des Feuermonds

HERDER spektrum

Band 4989

Das Buch

Wechseljahre, Zeiten des Wandels: Vieles verändert sich: nicht nur der Abschied von der körperlichen Fruchtbarkeit steht an, auch neue Lebensorientierung. Denn in dieser Phase zeigt sich Sehnsucht nach Veränderung. Was will ich und was brauche ich vom Leben? Was kann ich getrost zurücklassen, was eröffnet sich an neuen Möglichkeiten? Schließlich geht es ja nicht nur um die Auseinandersetzung mit körperlichen Veränderungen oder um die Frage von alternativen Möglichkeiten, die Hormone zu besänftigen. Es geht um neue Lebensorientierung: und der Mond, der sich bisher im körperlichen Rhythmus widerspiegelte, wird zum Feuerzeichen. Nicht nur Hitzewellen, sondern auch neues Licht führt in neue Horizonte. Gertrud Ennulat begleitet durch die anstehenden Veränderungen. Erfahrungen, Märchen und Träume helfen, diese Zeit gut zu leben und erschließen neue Horizonte.

Die Autorin

Gertrud Ennulat, geb. 1941, tätig in der Erwachsenenbildung. Zahlreiche Vorträge und Workshops zu pädagogischen und psychologischen Themen.

Gertrud Ennulat

Im Zeichen des Feuermonds

Neues Leben durch die Wechseljahre

Herder
Freiburg · Basel · Wien

Gedruckt auf umweltfreundlichem,
chlorfrei gebleichtem Papier

Originalausgabe

Satz: Fotosetzerei G. Scheydecker, Freiburg i. Br.
Herstellung Freiburger Graphische Betriebe 2000
Umschlaggestaltung und Konzeption: R·M·E München /
Roland Eschlbeck, Liana Tuchel
Umschlagfoto: © Liana Tuchel / The Image Bank
ISBN 3-451-04989-9

Inhalt

Vorwort

Von einem Tabu sind die Wechseljahre nicht mehr umgeben. Frauen heute drücken aus, was mit ihnen geschieht in diesem wichtigen weiblichen Lebensabschnitt. Das verdanken sie der großen geistigen Kraft, welche in den letzten Jahrzehnten des vergangenen Jahrhunderts dafür sorgte, dass Frauen die Vielfalt ihres Erlebens benennen können, weibliche Entwicklung in ihrem großen Farbenreichtum zu einem Gegenstand öffentlichen Interesses wurde. War es der Generation meiner Mütter, Tanten und Großmütter noch verwehrt, eigenständige Frauen zu werden, den Weg der Individuation zu gehen, kann ich heute Neuland betreten.

Der Blick auf die großen Wandlungsprozesse während der Wechseljahre muss sich nicht länger genieren, denn er schaut auf ein natürlich ablaufendes Geschehen, für dessen Verlauf jede Frau mit einem inneren Programm ausgestattet ist, das es ihr ermöglicht, sich zu wandeln. Was dabei geschieht, will sich mitteilen, denn auf diese Weise gelangt die Kraft des Weiblichen in die Welt. Auf diese Weise wirkt sie mit am sich verändernden Bewusstsein und leistet dadurch einen Beitrag zu einer positiven Bewertung weiblichen Lebens.

Wenn früher die Frauen jenseits der 50 im Gefängnis ihrer Korsettstangen eingezwängt waren, ihr Körper aus dem Leim ging, nur in dieser Sprache sich äußern durfte, dann kennt heutiges Frauenleben einen Zeitgeist, der Offenheit und das Durchbrechen von Grenzen erlaubt.

Dieses Buch wurde geschrieben, als der lange Weg durch die Wechseljahre seinem Ende zuging. Die gewandelte und älter gewordene Frau blickt zurück, durchschreitet noch einmal die Stationen dieser Zeit. Zweifelsohne stellen sie einen Abschnitt meines Lebens dar, der von einmaliger Qualität ist. Hätte mir eine Wahrsagerin mein heutiges Leben vorausgesagt, ich hätte sie kopfschüttelnd ausgelacht. Zu den herausragenden neuen Errungenschaften, welche dieser Entwicklungsweg geschenkt hat, gehört ein Zuwachs an Freiheit und das Entstehen neuer innerer und äußerer Räume, die gestaltet werden. Endlich ist Platz für eine Vielfalt von neuen Aktivitäten und Beziehungen, die mein Leben sehr bereichern. Wenn ich in diesem Buch von anderen Frauen berichte, wie jede ihren ganz eigenen Weg durch die Wechseljahre gesucht hat, dann verdanke ich das den vielen Gesprächen mit diesen Frauen, die mich Anteil nehmen ließen an ihrem inneren Geschehen. Dafür bin ich dankbar und freue mich immer wieder neu über den Farbenreichtum weiblichen Lebens.

Letztendlich hat sich durch die Wechseljahre in mir die Gewissheit verfestigt, dass es kein Ende gibt im Lebensprozess. Gewachsen ist dadurch Vertrauen und Hoffnung, was wiederum der Liebe freie Bahn bereitet. Und die hört ja bekanntlich nie auf!

Warte nur!

Als ich ein kleines Mädchen war, pflegten die Großen zu sagen: *Warte nur, bis du in die Schule kommst!* Dieser manchmal drohend geäußerte Satz verwies auf ein Ereignis, das in der Zukunft lag. Nicht immer war die affektive Unterlagerung der Worte eindeutig auszumachen. So blieb manches in der Schwebe, weil nicht erkennbar war, ob es sich um ein Ereignis der guten oder weniger angenehmen Art handelt. Mit dieser auf die Zukunft verweisenden Äußerung setzte sich das Kind auseinander, machte in seinem Inneren erste Schritte in diesen imaginierten Bereich. Das Neue erhielt eine Färbung des Gefühls, reicherte sich an mit Informationen des Umfelds und machte den unbekannten Zeitabschnitt zu einem Datum, auf welches das Kind hinlebte.

Ähnlich war es mit den weiteren Zäsuren meines Lebens, das Abitur, das Studium, die spätere Berufstätigkeit, die erste große Liebe, das Heiraten, die Geburt der Kinder. Dieses *Warte nur bis* … war wichtig, weil es den Blick in eine kommende

Zeit richtet, welche die anderen bereits erlebt haben. Aber nie fiel dieser Satz im Zusammenhang mit den Wechseljahren. Wieso sagte nie eine der mich durchs Leben begleitenden Frauen: *Warte nur, bis du in die Wechseljahre kommst!* Ich hätte mit Sicherheit begierig zugehört, weil mir dieser Lebensabschnitt bereits im Vorfeld eine bedeutende Station meines Lebens zu werden schien, die sich je nach Stimmungslage färbte.

Oft spürte ich in den Jahren davor eine Grenze, an die ich gelangen würde. Doch nie war mir klar, was mich dort erwarten würde. Immer wieder kreisten meine Gedanken um das Geheimnis dieses weiblichen Zeitabschnitts. Das Tabu der vergangenen Zeit war noch lebendig, und so wehte um die Wechseljahre ein Wind, der mich nicht lockend vorwärts trieb. Aber gleichzeitig trug ich eine große Sehnsucht nach einer älteren Frau in mir, welche die an der Schwelle zu einem neuen Lebensabschnitt Stehende an der Hand nimmt und mir sagt, was dort auf mich wartet. Es hätte mir gut getan, wenn mir jemand Glück und ein gutes Gelingen der Wechseljahre gewünscht hätte. Manchmal war ich erinnert an die Jahre der Kindheit, in denen ich als unaufgeklärtes Kind mir das Wissen um die Vorgänge der Sexualität selber zusammensuchte. Ein ähnliches Muster lief auch jetzt ab, denn ich stieß auf die alltäglichen Äußerungsformen der Wechseljahre:

Mit zwei Frauen fahre ich von einer Tagung nach Hause. Beide sind einige Jahre älter als ich. Plötzlich bittet mich die eine, anzuhalten. Sie sitzt mit hochrotem Gesicht und Hals, nach Luft schnappend auf dem Rücksitz und scheint in großer Bedrängnis. Die andere reagiert verständnisvoll, sagt: *Das kenn ich,* während die kühle Luft durchs Fenster Besserung bringt.

Das war alles. Mehr wurde nicht gesprochen. Ich traute mich auch nicht zu fragen, war froh über den Altersabstand zu den zwei Frauen und fühlte mich gleichzeitig ausgeschlossen. Ein wenig hatte sich der Schleier des Geheimnisses gelüftet. Hätte ich ihn wegreißen sollen durch neugierige Fragen? Mein Gefühl sagte: *Lass die Finger weg!* Zu eindeutig war der geplagten Frau anzusehen, sie schämt sich dieser Vorgänge. Es ist ihr peinlich, was da auf einmal sichtbar nach außen dringt. Mit dem Griff zur Puderdose wollte sie das aus der Kontrolle Geratene korrigieren. Ihr Körper schien eine unberechenbare Größe geworden zu sein. Irgendwie stimmte sie in dieser Hitzeattacke nicht länger mit sich überein, wich hinterher in ironisierende Distanz aus und ließ bei mir ein diffuses Angstgefühl zurück.

Daneben gab es die gegensätzliche Begegnung mit einer Freundin, die früher als ich in die Wechseljahre gekommen war, die von ihren körperlichen Flammenzeichen sehr angetan war, sie als etwas Besonderes ansah und auf diese Weise keine Mühe hatte, sie zu akzeptieren.

Wann fingen meine Wechseljahre eigentlich an? Die erste Begegnung mit Gedanken und Phantasien, welche um das Ende meiner Gebärfähigkeit kreisten, geschah zwischen Dreißig und Vierzig, als meine Tochter ihre erste Blutung bekam. Weit entfernt von den Wechseljahren fühlte ich bei diesem Ereignis doch eine Portion Wehmut bei aller Freude über den Entwicklungsschritt meiner Tochter. Auf einmal meldete sich eine innere Stimme, die meinte, jetzt sei die Tochter dran! Diese Worte übersetzte ich so, dass ich nun keine weiteren Kinder mehr gebären wollte. In der zum ersten Mal menstruierenden Tochter, die zur Frau heranreifte, sah ich die nächste in der Kette der Generationen, die Kinder empfangen würde. Dieses Ereignis berührte mich tief, hatte ich doch einen Blick über mich hinaus getan und mich und die Tochter im Verbund der Generationen erkannt, wo jede ihren Platz hat. Sicherlich gehört dieses Ereignis zu meinen inneren Vorbereitungen auf die Wechseljahre.

Für jede Frau stellt sich der Aufbruch in die Wechseljahre anders dar. Es gibt selten den eindeutig datierbaren Zeitpunkt. Doch eines steht mit Sicherheit fest: Lange bevor sich die körperlichen Symptome der Menopause äußern, beginnt der innere Weg. Und das heißt nichts anderes, als dass in der Seele die notwendigen Umbauten stattfinden. Allerdings sind das keine termingebundenen Projekte, die zügig und rasch vorwärts schreiten. Seelische Abläufe haben einen anderen Rhythmus. Die Wechseljahre halten manche Lektion bereit, um sie verstehen zu lernen.

Aufbruch:
Die Frau am Fluss

Als ich mich an einem ganz gewöhnlichen Samstag ins Auto setzte, den Rückwärtsgang einlegte, aus der Garage fuhr, hatte ich ein schlechtes Gewissen, denn am Nachmittag würde Besuch kommen. Der Kuchen war gebacken, der Tisch wartete darauf, gedeckt zu werden, doch ich saß im Auto, fuhr die Straße hoch, war froh als ich keine Häuser mehr sah.

Was ich tat, geschah aus plötzlichem Entschluss, war mit meiner Familie nicht abgesprochen, widersprach eigentlich meinem Bestreben, eine gute Gastgeberin zu sein. Die Streichquartett-Nachmittage meines Mannes hatte ich akzeptieren gelernt, aber heute trieb es mich in den Boykott. Eine große Erregung war in mir. Heute wollte ich nicht tun, was ich so oft getan hatte, wollte raus aus dem Haus und hatte gleichzeitig Mühe, die unsicheren und erstaunten Blicke der Kinder, die meine Spannung spürten, sich in ihre Zimmer verdrückten, auszuhalten.

Auf der Straße ging es mir gut, fühlte ich mich entspannt. Der Tank ist voll, einfach so weiterfahren, es geht vorwärts, und es macht Spaß, schnell zu fahren, andere Autos zu überholen. Ich bin unterwegs. Habe ich ein Ziel? Nein, eigentlich nicht. Ich könnte hierhin oder dorthin fahren, es ist egal. Aber eines weiß ich mit Sicherheit. Ich will keine Freunde besuchen. Ich will niemanden sehen, den ich kenne. Nur keine bekannten Gesichter sehen! Nicht die schon wieder!

Das Ungewisse meines Ziels versetzt mich in hochgestimmte Erwartung, beschleunigt meinen Herzschlag. Ein Song geht mir durch den Kopf, und ich fange an zu singen: *Go down Moses, go down to Egypts land, tell old Pharao: let my people go!* Ich singe laut, immer wieder den Refrain: *Laß es ziehen, mein Volk!* Langsam fange ich an, das Bild der versklavten Israeliten in mir zu bewegen, spüre eine große Sehnsucht nach Freiheit und suche meine Umgebung ab nach dem Pharao, der die Zügel in der Hand hat, mich nicht frei lässt.

Auf einmal ist die Hochstimmung verschwunden. Zweifel an meinem Entschluss, von zu Hause wegzufahren, melden sich. In Gedanken sehe ich die Besucher in die Wohnung kommen, aus der ich mich entfernt habe. Aber es gibt ja Ausreden, und mein Mann findet sicher eine. Doch irgendwie ist es mir nicht recht, was ich tue, weil ein schlechtes Gewissen mir meine Fahrt madig macht. Ich schalte runter, verlasse die Autobahn, fahre durch eine ländliche Gegend; auf einmal weiß ich auch, wie mein Ziel heißt. Ich will an den Fluß. Dort treibt es mich hin. Ich muss ans Wasser.

Jetzt stimmt es wieder. Ich freue mich, weil nun klar ist, was ich will. Am Fluß sitzen, ins Wasser schauen. Und schon singe ich ein anderes Lied: *Take off your old coat and roll up your sleeves. Life is a hard road to travel I believe.* Ja, das ist es, den alten Mantel ausziehen. Wieder dieses Sehnen nach Veränderung. Ich parke das Auto, sehe den Fluss, laufe zu ihm, fühle mich gut. Fluss, ich bin da, bin bei dir, Wasser. Zu dir wollte ich. Ich bin angekommen. Wie geht es weiter?

Die Sonne scheint, meine Beine wollen laufen, schnell und weit. Mein Atem strömt, ich spüre mich, das ist gut. Das fließende Wasser lacht mir zu. Kein Ende soll dies haben, soll dauern. Alle beengenden Gedanken sind verschwunden. Nichts Hinderndes steht zwischen mir und dem Fluss. Am liebsten würde ich schwimmen oder eines der Schiffe draußen sein. Nach einer Weile setze ich mich ins Gras. Spaziergänger laufen auf dem Hochwasserdamm, reden miteinander. Ein Hund schnüffelt um mich herum.

Damals hörte ich keine Antwort auf meine noch ungestellte Frage. Aber heute, im Rückblick, wird klar, dieser Tag am Fluss ist mein Aufbruch in die Wechseljahre. Ja, damals begann das alles. Alltäglich, ohne Posaunenbegleitung, aber geleitet von diesem untrüglichen Gespür, ich muss das jetzt machen. Es ist die Stimme, die aus dem Bauch spricht, und wenn dieses Organ sich äußert, gibt es kein Halten, dann muss es sein. Die Spontaneität dieses Ausdrucks kommt aus der Tiefe meiner Natur. Wie oft hatte ich Mühe mit ihr, weil die Menschen meines Umfeldes ihre Artikulation nicht mögen, erschrecken und zusammenzucken, weil diese Sprache ihnen so fremd erscheint und wohl auch Angst macht.

Damals am Fluss begannen meine Wechseljahre, spürte ich die drängende Kraft, die mich die Schürze an den Nagel hängen ließ, weil ich an diesem Tag nicht Mutter sein wollte. Zum Glück trieb es mich aus dem Haus, schützte mich vor den enttäuschten Gesichtern meiner Familie. Wenn Mutter nicht mehr Mutter sein will, gerät das Familiengefüge ins Wanken, die Mutter ebenso.

Und nun sitze ich am Fluss, schaue auf die schnelle Strömung, werfe ab und zu ein Blatt, einen Grashalm ins Wasser, schaue ihnen nach, wie sie verschwinden. Meiner Seele tut das gut. Ich fühle mich belebt, bin im Fluss mit mir, atme ein und aus, spüre, ich bin.

Ein vergangenes Erlebnis fällt mir ein. Ich laufe

am Strand am Meer, alleine, laufe kilometerweit, es soll kein Ende nehmen. Ich spüre den Wind im Rücken, aber auch das beglückende Gefühl, ich bin. Damals stand ich zwischen zwei Männern, saß zwischen allen Stühlen und hatte mich fast verloren. Am Meer hatte ich mich wieder gefunden. Das Wasser, immer in Bewegung, auf und ab, Welle auf Welle, diese Sprache brauche ich, wenn sich in meiner Seele Veränderungen ankündigen. Doch nie teilt sich die Veränderung konkret mit. Immer ist es ein Spüren. Wie ein Spürhund habe ich den Geruch der Veränderung in der Nase. Was wird geschehen?

Take off your old coat – das kannte ich, den Überdruss am Alten, die gedrückte Stimmung in den Zwängen alter beengender Strukturen zu leben. Und dann die Stimme, die verlockend ruft, *hau ab, raus, geh doch einfach, brich aus!* Und jetzt bin ich aufgebrochen. In mir ist etwas aufgebrochen. Heute weiß ich, es ist diese Kraft, die mir in den Wechseljahren zur verlässlichen Begleiterin wurde. An dem Tag am Fluss hatte sie freie Wirkung, ließ ich mich von ihr ergreifen, bewegte mich in ihrem Rhythmus. Doch ich lernte sie auch anders kennen. An anderen Tagen war sie verschwunden, vermisste ich die Aufbruchsstimmung, fehlte der Stimulus, der Kick. Nichts war mehr übrig davon. Das machte mir Mühe, diese Gegensätzlichkeit, denn mein Wollen und Denken verlangte nach der Eindeutigkeit. In den folgenden Jahren lernte ich, mich dem Entwicklungsgeschehen der Wechseljahre anzuvertrauen, mich in die guten und weniger guten Zeitabschnitte einzurichten.

Damals am Fluss kam die Stunde, in der die Sonne tiefer sank, mein Magen sich hungrig meldete, die Frage auftauchte, was mache ich nun? Nein, auf keinen Fall heimgehen. In meiner Phantasie sah ich die vier Männer Streichquartett spielen. Da wollte ich nicht hin. Ich fuhr in die Stadt, schaute an der Litfasssäule, was im Kino kommt, fand einen Film, der in der Provence spielt. Auch dort stand das Wasser im Mittelpunkt. Wieder war ich am Wasser, sah, wie Trockenheit alles Wachstum verhindert, Pflanzen absterben, Quellen versiegen, fühlte Trauer, hatte ein hohles Gefühl im Bauch, als ich benommen das Kino verließ.

Draußen war es Nacht. Ja, ich wollte heim. Die Gäste waren längst fort. Irgendwie schienen alle froh, dass die Mutter wieder zu Hause war. Die Spülmaschine lief, der vertraute Küchengesang. Die neue Woche begann. Was war eigentlich geschehen?

Mein Ausflug an den Fluss hatte mich in Berührung gebracht mit einer Seite in mir, die sich nach Unabhängigkeit und neuem Leben sehnte. In den folgenden Wochen wurde mir das Bild der am Wasser sitzenden Frau vertrauter. Sie hatte mich mit dem, was sich in mir verändern wollte verbunden. Wenn sie in meinen Gedanken auftauchte, hatte ich die Gewissheit: ich war aufgebrochen.

Wenige Tage später träume ich den folgenden Traum: *Ein großes Fest wird vorbereitet. Renaissancemusik erklingt. Die Aufstellung der Tänzer und Tänzerinnen beginnt. Alles wirkt sehr erlesen und geheimnisvoll.*

Aus diesem Traum wollte ich nicht aufwachen, denn die erwartungsvolle und festliche Gestimmtheit tat mir gut, machte mich auch neugierig, ob ich bekannte Gesichter unter den Gästen sehen würde. Doch der Schleier des Geheimnisvollen in der Atmosphäre ließ sich nicht lüften. Letztendlich schenkte mir dieser Traum viel zuversichtliche Kraft, um in meinen neuen Lebensabschnitt hineinzugehen. Das Stichwort *Renaissance* bewegte sich in mir, erschien mir verlockend und sinnvoll, ließ die vor mir liegenden Wechseljahre auf einmal in einem neuen Licht erscheinen, sobald ich das französische Wort mit Wiedergeburt übersetzt hatte. Ein gewaltiges Versprechen steckt in diesem Wort, es wirkt tröstend im Umgang mit den Unzulänglichkeiten der eigenen Person, weil es den Glauben nährt, neu geboren zu werden, sich organisch zu erneuern.

Rückzug

Auf die Tage des inneren Aufbruchs folgt oft der Rückzug. Zweifelnde Fragen melden sich. Die Gegenkraft wirkt und treibt ins Schneckenhaus. Das Gespür für die Öffnung scheint verloren, verschüttet von einem Berg negativer Gedanken. Ängste halten mich fest, so dass ich rückwärtsgewandt die Handbremse umklammere, um mich zu schützen vor dem, was in mir ins Rollen gekommen ist. Längst ist am Himmel die Sonne hinter dunklen Wolken verschwunden. Nein, ich will nicht, ich kann nicht, will bleiben, wie ich bin! Es ist doch gut, wie ich bin! Das darf doch nicht zu Ende sein!

Schwer ist es, dieses Hin und Her auszuhalten, sich noch zu mögen in solcher Widersprüchlichkeit. Warum wirkt mein Leben auf einmal so schwer? Wenn diese Frage auftaucht, ist die natürliche Selbstverständlichkeit des Aufbruchs verloren. Dann wird langsam deutlich, wie das gewohnte Gleichmaß sich nicht mehr einstellen will. Heute bin ich gut gestimmt, und am nächsten Tag finde ich nicht einmal mehr Überreste dieser Gestimmtheit. Vermehrt meldet sich das große Bedürfnis, mich einzuigeln, nur mich zu spüren. An der Zimmertür hängt ein Schild: *wegen Umbau geschlossen!* Die Familie, die Kollegen sollen Rücksicht nehmen, mich in Ruhe lassen.

Unweigerlich wandern meine Gedanken in die zurückliegenden Jahre, als die Kinder heranwuchsen, das Haus von ihrem Geschrei erfüllt war, sie die Hauptrolle in meinem Leben spielten. Jetzt, in meinen Wechseljahren, sind sie nur noch Gäste zu Hause, gehen entschlossene Schritte in ihr eigenes Leben, lassen mich zurück, konfrontieren mich mit Zeiten des Alleinseins. Neue Gefühlslandschaften formen sich. Ich fühle mich einsam, allein, wehre mich nicht dagegen mit Aktivitäten, habe eher den Eindruck, das muss so sein, das ist richtig so, auch wenn ich dabei immer wieder in Gefahr bin, mir und der Welt abhanden zu kommen.

Gefühle der Verlassenheit während der Wechseljahre sind nichts Unnatürliches. Es gibt Frauen, die suchen die Einsamkeit des Waldes, machen lange Spaziergänge, kommen auf diese Weise in einen inneren Dialog mit sich, holen sich Kraft für den nächsten Tag auf diesen einsamen Streifzügen. Der Aufenthalt im Wald hilft dabei, Gedanken und Gefühle zu ordnen. Waren sie zuvor sorgenvoll und verzagt, können sie sich verändern, denn der Wald wirkt stabilisierend und beruhigt die in den Wechseljahren häufig labilen Nerven.

Mit dem Aufbruch in die Wechseljahre überschreite ich die Grenzen meines bisherigen Lebens. Ein Übergang findet statt mit den charakteristischen Kennzeichen der Ambivalenz der Gefühle. In meinem Inneren spüre ich die Spannung der gegensätzlichen Kräfte. Manchmal ist das kaum zum Aushalten, weil es mich fast zerreißt. So kenne ich mich nicht, so angespannt. Eigentlich habe ich doch Ja gesagt zu dem, was geschieht, und nun bin ich blockiert. Im Traum stellt das folgende Geschehen dar, was ich als Emotion in mir spüre: *Ich verhandle mit einem Taxifahrer über den Fahrpreis. Er soll mich über die Grenze bringen. Zunächst willigt er ein, doch dann kann er mich nicht weiterbringen. Ich suche einen neuen Fahrer. Es ist mir nicht klar, an welcher Grenze ich stehe, auch nicht, in welches Land die Reise geht.*

Ungewissheit drückt sich aus, die Grenze ist erreicht, ich stehe an der Schwelle, aber was kommt danach? Wo geht es hin und wie? Ich fühle mich unsicher den eigenen Kräften gegenüber.

In die Wüste geraten

Die Entwicklungsprozesse der Wechseljahre folgen zwar gewissen Gesetzmäßigkeiten, doch lässt sich die Intensität ihres Verlaufs ebenso wenig vorhersagen wie ihre Dauer. Diese Unsicherheit verlangt nach Anhaltspunkten, um den Umwandlungsprozess, der sich im körperlichen und psychischen Bereich abspielt, zu konkretisieren. Das innere Geschehen drückt sich dann in Bildern und Symbolen aus. Es ist sehr hilfreich, sich auf dem Weg durch diese Zeit in solchen Bildern wiederzufinden, denn sie vermitteln ein Gefühl für den jeweiligen inneren Standort.

Viele Frauen auf ihrer Suche nach neuen Lebensstrukturen vergleichen manchen Abschnitt als Durststrecke, der gleichsam durch die Wüste führt. Im Bild der Wüste wird die unbebaute und unbewohnte Landschaft sichtbar. Es gibt Sand- und Steinwüsten in heißen Ländern, aber auch arktische Landstriche gelten als Wüste. Herausragendes Merkmal ist die Leere, die Öde, die Weite. Wer sich an diesem Ort aufhalten muss, lernt das Alleinsein und die Einsamkeit kennen. Unermesslich wirkt die Weite, wenn Sanddüne auf Sanddüne sich ausbreitet. Die Grenze zwischen Erde und Horizont scheint aufgehoben. Dem Auge fehlen Orientierungspunkte. Fußspuren verweht der Wind, die Vergeblichkeit menschlichen Tuns wird konkret. Wer in der Wüste sich zurechtfinden muss, erlebt die Stille einer Landschaft, in die Menschen früherer Kulturen auf der Suche nach spirituellen Erfahrungen gingen. Die Öde der Wüste begünstigt es, Unwichtiges hinter sich zu lassen, sich auf Wesentliches zu besinnen.

Es fällt nicht schwer, in der Landschaftsform Wüste ein Bild seelischer Befindlichkeit zu sehen. Die äußeren Gegebenheiten werden zum Spiegel innerer Zustände. Wenn ich mich als Frau damit abfinden muss, dass meine körperliche Fruchtbarkeit aufhört, die Möglichkeit, durch meinen Körper neues Leben zu gebären, unweigerlich an einem Endpunkt angelangt ist, dann kann das Bild der vertrockneten Frau zu einer Angstvorstellung werden. Die Tatsache, dass meine Eierstöcke die Produktion einstellen, die noch vorhandenen Eier sich im Bindegewebe auflösen, lässt ans langsame Vertrocknen denken. Und wenn dann der Blick noch auf ein ausgemergeltes Frauengesicht stößt, wird deutlich, auch ich verändere mich, auch ich bin in diesem Entwicklungsprozess und weiß nicht, wie ich aussehen werde, wenn meine Wechseljahre zu Ende sind.

Wer in die Wüste gerät, lernt Durst kennen und muss ihn aushalten. Im übertragenen Sinn drückt sich darin mein Durst auf Leben aus. Ich komme einem Mangel auf die Spur, der lange verborgen im Getriebe des Alltags war, sich aber nun in der Angst niederschlägt, eigentlich bin ich bisher zu kurz gekommen, hat mir das Leben nicht gegeben, was ich in der Tiefe meines Herzens suche. Es tut weh, diesen nicht befriedigten Lebensdurst zu spüren, weil ich mir ja erneut eingestehen muss: es ist etwas vorbei in meinem Leben, die Uhr meiner Lebenszeit lässt sich nicht zurückstellen. Wieder gilt es einen Weg zu gehen, um zu erkennen, wo mein Lebenswasser zu finden ist. Was erfrischt mich? Was stillt die quälende Trockenheit in meinem Mund? Wann fühle ich mich lebendig wie der Fisch im Wasser? Fragen wie diese stellen sich und verlangen eine unbequeme und manchmal fast unbarmherzige Bestandsaufnahme meines bisherigen Lebens.

Die Hitze der Sandwüste wird für manche Frauen in den Wechseljahren zum Bild dessen, was sie erfahren: sie fühlen sich in ihren Hitzewallungen regelrecht durchgekocht, so dass alles Unwesentliche verdampft, entweicht. Es ist als ob diese karge Landschaft sie offen und bereit macht, damit sie in ihr bisheriges Leben hineinschauen wie in ein offenes Buch. Eine neue Frau kann durch diese Reduktion auf das Wesentliche dann am Ende des Klimakteriums Gestalt annehmen.

In der Wüste schärft sich die Intuition, der Blick für das, was wichtig ist und in die Zukunft führen kann. Die Erfahrung der Weite löst die suchende Frau aus dem bisherigen Lebensvollzug und mutet ihr zu, sich zurechtzufinden in einer Landschaft, die keine vorgebahnten Wege kennt. Auf diese Weise wachsen Kräfte, um die Herausforderungen mutig anzugehen.

Seelischer Abfallhaufen

Dora, 45, allein lebend, hatte eigentlich gedacht, mit den Wechseljahren fertig zu sein. Ihre letzte Blutung liegt bereits ein Jahr zurück. Die von andern Frauen geäußerten Beschwerden hatten bei ihr keine wesentliche Rolle gespielt. Eigentlich habe ich Glück gehabt; denkt sie, wenn nur dieses große Bedürfnis nach Alleinsein nicht so stark wäre. War sie bis vor kurzem eine kontaktfreudige Frau mit großem Freundeskreis, so hat sich das verändert, denn bisherige Aktivitäten befriedigen sie nicht länger, hinterlassen ein Gefühl der Leere. Auf Einladungen reagiert sie ablehnend. Besucher weist sie zwar nicht aus der Wohnung, spürt aber, wie schwer es ihr fällt, sich am Gespräch zu beteiligen. Sie ertappt sich dabei, wie sie innerlich aus dem Gespräch aussteigt, ihre Gedanken ganz woanders hinwandern. Sie fühlt sich verunsichert durch diese Veränderung und ist erleichtert, wenn sie wieder allein mit sich ist. Sie scheint sich selbst genug zu sein. An manchen Wochenenden atmet ihre Wohnung eine große Stille. Eine Kollegin, die neben ihr am Computer sitzt, fragt an einem Montagmorgen mitfühlend: *Bist du überhaupt noch da?*

Doras Lebensenergie wirkt stark gedrosselt. Sie sitzt am Arbeitsplatz und ist innerlich doch woanders. Jetzt, am Ende der Wechseljahre, wird sie heimgesucht von Gefühlen der Isolation und Einsamkeit. Kraftlosigkeit, verbunden mit einem enormen Ruhe- und Schlafbedürfnis engen ihren Aktionsradius ein. Eine zufällig eingeschaltete Sendung über das Leben der Beduinen in der Sahara fesselt ihre Aufmerksamkeit. Hellwach geworden starrt sie wie gebannt auf die Bilder der Wüste. Etwas fängt an, in ihrem Inneren zu klingen. Ihre Befindlichkeit findet ein Echo. In der folgenden Nacht träumt sie: *Eine dunkle trostlose Müllhalde breitet sich aus. Krähen fliegen auf und nieder. Schmuddelig angezogene Kinder wühlen im Unrat. Von weitem schaut Dora fast angeekelt zu.*

Beim Aufwachen hat sie den Geruch der Müllhalde noch in der Nase. Sie fühlt Mitleid mit den

Schmuddelkindern und ist erfüllt von tiefer Niedergeschlagenheit. Ihr Traum konfrontiert sie mit Abfall, Weggeworfenem, Dunklem, mutet ihr einen schmerzhaften Blick in einen Schattenbereich ihrer Seele zu. Erinnerungen aus ihrer Kindheit tauchen auf: Sie ist wieder das Kind, das mit seinen Geschwistern nach Kartoffeln auf den Äckern sucht. Ihre Mutter schickte sie los, wenn die Bauern mit der Ernte fertig waren. Damals hatte sie sich geschämt, so arm zu sein, keinen Vater zu haben, der die Familie ernährt. Nie war ich wie die anderen, denkt Dora heute und spürt, wie weh das tat. Aber ist das denn nicht lange vorbei?, fragt sie sich.

Der Weg in die Wüste kann in eine Zeit der Trauer führen, denn die Wechseljahre verlangen von vielen Frauen eine intensive Hinwendung zu vergangenem Erleben. Verletzungen und Kränkungen aus der Kindheit oder anderen Lebensabschnitten können sich melden. Auf dem seelischen Abfallhaufen negativer Erfahrungen hat sich in den verschiedenen Jahrzehnten einiges angesammelt, das dort nicht bleiben soll.

Offensichtlich stellen die Wechseljahre auch eine Zeit des inneren Großreinemachens dar. Nur auf diese Weise ist garantiert, nicht im Bisherigen zu erstarren. Im weiblichen Entwicklungsprogramm wartet Neues darauf, dass es zum Vorschein kommen kann. Aber zunächst muss das

Alte an Einfluss verlieren, und das geschieht nur dadurch, dass es noch einmal angeschaut wird. Erst dann kann es sich wandeln. Im Traumbild der Müllwüste drückt sich etwas aus von der Stagnation, in welcher sich Doras Gefühle befinden. Kein Baum, keine blühende Blume wächst in dieser Landschaft. Sie stellt sich dar als ein ungastlicher Ort, in den Dora freiwillig nie gegangen wäre. Durch den Traum bricht etwas in ihr auf. Auf einmal kommt sie in Verbindung zu Kindheitserlebnissen. Sie verknüpft die aufsteigenden Erinnerungen mit ihren Gefühlen, blättert im Fotoalbum und fängt an, dem Kind, das sie einmal war, auch in den traurigen Erlebnissen auf die Spur zu kommen. Ein Foto, auf dem sie sich als Kind gefällt, stellt sie auf die Fensterbank. Bei diesem Tun spürt sie eine zunehmende Belebung. Das ist der beste Beweis dafür, dass ihr Lebensfluss nicht versandet, sie aus der Stagnation herauskommt.

Doch es gibt bei diesem Weg durch die Wüste Durststrecken, in denen Resignation die Frau in den Wechseljahren heimsuchen kann. Dann macht sich eine Endzeitstimmung breit, weil destruktive Gedanken den Lebensmut unterhöhlen. *Was hab ich denn noch im Leben, jetzt, wo ich eine alte Frau werde?* Ja, was soll's denn noch? Mit solchen inneren Stimmen breitet sich die Wüste endlos aus, und das Gefühl, von aller Welt verlassen zu sein, drückt zu Boden.

Hanna, 52 Jahre alt, hat in den Wechseljahren stark an Gewicht zugenommen. Sie braucht nach Meinung ihrer Ärztin die medikamentöse Substitution durch Östrogen, um ihrer niedergeschlagenen Stimmung entgegenzuwirken. Der erhoffte Erfolg stellt sich nicht ein, die depressive Verstimmtheit bleibt bestehen. Nur mit großer Willensanstrengung kann sie ihr Frisörgeschäft weiter betreiben. Wenn Hanna über ihr Leben nachdenkt, stößt sie auf ihre Wünsche, die das Leben bisher nicht erfüllt hat. Zwar wurde sie eine erfolgreiche Geschäftsfrau, aber im Grunde ihres Herzens wartet sie auf den Mann fürs Leben. Sie macht sich Vorwürfe und geht hart mit sich ins Gericht. Ich war zu naiv und wählerisch, zu wenig kompromissbereit, hatte den Kopf voller Flausen, sagt sie sich. Jetzt, in den Wechseljahren, zahle ich die Rechnung, denn wer so dick ist wie ich, findet nie einen Mann.

Es dauert viele Monate, bis sich in Hanna wieder lebensbejahende Kräfte melden. Sie hat die Ärztin gewechselt, versucht, mit der Umstellung ihrer bisherigen Ernährung und mit medikamentöser Hilfe ihrer Schwermut zu begegnen. Langsam gewinnt sie wieder Boden unter den Füßen. Mit Hilfe eines eisern durchgehaltenen Bewegungsprogramms gelingt es, die Schwere zu verändern. Beim Joggen im Wald lernt sie ein anderes Körpergefühl kennen. Auch wenn die Überwindung schwer fällt, lohnt es sich, denn beim Laufen weicht die Starrheit aus ihren Knochen. Danach fühlt sie sich wie neugeboren.

Durch die Wüste ins gelobte Land

Wüste kann für die eine Frau der Ort innerer Befindlichkeit sein und zum Bild seelischen Geschehens werden. Ihre Erfahrungen drücken sich auf der symbolischen Ebene aus. Für eine andere Frau kann von der realen Wüstenlandschaft eine so große Anziehungskraft ausgehen, dass sie diese immer wieder aufsucht, denn in der Stille und Kargheit der äußeren Reize verstärkt sich die Konzentration auf das Hören der inneren Stimme. Die Frau, die ihre Wüste durchwandert, lernt verzichten, denn üppig hat die Natur den Tisch dort nicht gedeckt. Hunger und Durst wollen ausgehalten sein. Was im Alltag als selbstverständlich hingenommen wird, fehlt. Bisherige Gewohnheiten werden in Frage gestellt.

Wer Wüstenwege geht, von Sand, Sonne und dem weiten Himmel umgeben ist, lernt auf die Sprache seiner Seele zu achten. Paula geriet mit 42 Jahren nach einer Totaloperation in eine große Krise. Die radikale Veränderung ihres Körpers verursachte große Schwierigkeiten. Sie fühlte sich nicht länger als Frau, fand sich wertlos und zu nichts mehr nütze. Sie litt unter der Entfernung ihrer weiblichen Geschlechtsorgane und wehrte sich gegen die Einnahme der für sie lebenswichtigen Hormontabletten. Gleichzeitig suchte sie nach dem Sinn dessen, was ihr widerfahren war. In ihrem Inneren war sie davon überzeugt, auf einen Traum oder eine Vision zu stoßen, die ihr den Weg in die Zukunft öffnen würde. Ganz bewusst nimmt sie an einer Sahara-Tour teil, spürt in dieser kargen Landschaft, wie nach einiger Zeit ein Gefühl des Friedens in sie einkehrt. Manche Angst verschwindet, Ruhe kehrt in ihre aufgewühlte Seele zurück. Die Hitzewallungen verlieren in der Wüstensonne an Intensität. Paula geht erste Schritt der Genesung. Ihre Kräfte verbrauchen sich nicht länger in der Rebellion gegen die Veränderungen ihres Körpers. Sie lernt, sich neu zu sehen. An manchen Tagen hilft ihr die Vorstellung, durch ihre Unterleibsoperation noch einmal geboren zu sein. Der Schmerz über den Verlust weicht, sie sieht sich nicht mehr als Mangelwesen, denn auch in ihr regt sich ein Potential an schöpferischen Kräften, das gelebt sein will: Einmal in der Woche arbeitet sie mit Speckstein und hat den Eindruck, in ihren Frauenfiguren gestaltet sie sich immer wieder neu.

Mein eigener Aufbruch in die Wechseljahre hatte im Gospel *Go down Moses* … ein Lied gefunden, das den Weg in die Wüste vorgab. Dabei war ich mit dem Geschehen der alttestamentlichen Erzählungen vom Weg der Israeliten ins gelobte Land verbunden. Der Aufbruch aus den alten Strukturen der Knechtschaft hat sein konkretes Ziel im Bild des neuen Landes, das als ein Land der Freiheit und als gelobtes bezeichnet wird. Diese alten Geschichten machen das Wechselspiel der Kräfte des Lebens deutlich. Immer dann, wenn Ablösung, Abschiednehmen, Aufbruch auf dem seelischen Programm stehen, fangen meine Gedanken an, sich mit ihnen zu beschäftigen. Obwohl ich sie kenne, muss ich sie erneut lesen, denn ich schaue in ihr Geschehen wie in einen Spiegel, in dem ich Ängste und Unsicherheiten ebenso finde wie Lebensmut und Vertrauen.

Auch im Leben von Rosa gibt es eine Zeit des Abschieds. Sie sehnt sich nach einem anderen Leben. Seit ihre letzte Blutung vorüber ist, hat sie den Drang, ihr Leben total umzukrempeln. Der Tod ihrer Mutter vor wenigen Monaten machte ihr drastisch deutlich, dass auch ihre Lebenszeit begrenzt ist. Aber ein Lebensende wie das ihrer Mutter wünscht sie sich nicht. Sie will bewusst und gefasst dem Ende entgegenleben. Bei ihr treffen zwei Trauerphasen aufeinander. Sie nimmt Abschied von ihrer biologischen Mutterrolle und gleichzeitig Abschied von ihrer Mutter. Bemüht, diese Prozesse als naturbedingte Gegebenheiten zu akzeptieren, ist sie erstaunt darüber, dass viel Trauergefühl sie heimsucht. Am meisten trauert sie um die Tochter und den Sohn, die sie nicht haben konnte. Mit eigenen Kindern an der Seite wäre der Verlust der Mutter vielleicht weniger hart gewesen, denkt sie. Rosa stößt in ihren Träumen auf eine neue Gestalt. Sie sitzt allein und verlassen in der Weite einer Wüstenlandschaft. Vom gelobten Land ist noch nichts zu sehen. Es dauert seine Zeit, bis für Rosa der Aufenthalt in ihrer inneren Wüste beendet ist, die Gewissheit sich durchsetzt, ich habe es geschafft, ich bin angekommen, wo ich hin sollte. Als die Trauerzeit um ist, ist sie bestrebt, sich im Alltag eine Oase der Ruhe zu gönnen. Das in der Wüstenzeit geweckte Bedürfnis nach Stille wird zur Frucht ihres Weges. In den Alltag integriert, entfaltet die Stille ihre verändernde Kraft. Dann ist nichts anderes wichtig als das freie Fließen ihres Atems, der dem Flug der Vögel folgt, sich weitet und aufschwingt. In solchen Momenten wird das gelobte Land spürbar. Es ist ein Ort in ihrem Inneren, den ihr niemand streitig machen kann.

Hin und her verlaufen die Fußspuren der Frau in den Wechseljahren, selten geht es geradlinig vorwärts; oft läuft sie im Kreis um sich, dann wieder geht es rückwärts, stößt sie auf Hindernisse, die sich nicht beseitigen lassen, verzagt, weil dieser Entwicklungsweg schwer und mühsam ist, sie immer noch nicht am Ziel zu sein scheint. Was kommt denn noch alles auf mich zu? Wann bin ich denn endlich am Ende der Wechseljahre angelangt?, fragt sie, wünscht sich eine Zeit der Ruhe, um zu verschnaufen und wieder zu Kräften kommen. In der Ferne sieht sie große Felsen, hofft, dort eine Höhle zu finden, um vor der kalten Wüstennacht geschützt zu sein. Sie hat Glück, wird erwartet. Eine weibliche Gestalt sitzt am Feuer. Sie ist eine der Frauen, die in die Wüste geschickt wurden. Durch die Begegnung mit ihr stößt die Frau in den Wechseljahren auf ein dunkles Kapitel weiblichen Erlebens. Sie lernt die Rolle der Sündenböcke kennen.

Im Gespräch mit Sündenböcken

Schon immer war die Wüste ein Ort, in den ungewollte, nicht passend erscheinende Elemente des Lebens geschickt wurden. Archaische Kulturen kannten das jährlich sich wiederholende Ritual der Wahl des Sündenbocks, der in die Wüste getrieben wurde. Stellvertretend trug er alles, was der Gemeinschaft missliebig war. Diese Projektion ermöglichte die Befreiung

Frauen sind solche Erfahrungen nicht fremd; sie wissen, wie schnell sie in den Zwängen des Alltags zum Sündenbock werden können, ihnen zugeschoben wird, was anderen missliebig ist. Die lange Prägung, Abgespaltenes und Verdrängtes auf sich zu nehmen, prädestiniert sie zur Übernahme der Sündenbock-Rolle. Ein schlechtes Gewissen und Schuldgefühle rauben ihnen Kraft und werten sie ab. Wenn die Fußspuren des Sündenbocks im Wüstensand sichtbar werden, beginnt ein langes Stück schmerzhaften Erkenntnisweges.

Doras Kinderfoto rührt an diese Schicht inneren Erlebens. Es erinnert sie an das schwierige Leben als Flüchtlingskind in den 50er Jahren in einem kleinen abgelegenen Dorf. Dort waren sie die Fremden, die niemand wollte, zu denen die Einheimischen in feindselige Distanz gingen. Die Kinder trugen die Konflikte des Zusammenlebens in schlimmen Kämpfen untereinander aus. Dora als wortgewaltiges Mädchen hatte es besonders schwer, wurde gejagt, bekämpft und geprügelt, sobald sie im Dorf auftauchte. Am schlimmsten jedoch war das Nachhausekommen, weil ihr Revoltieren gegen die ungerechte Behandlung von ihrer Mutter nicht geteilt wurde. Im Gegenteil, diese machte ihr noch Vorwürfe und stellte sie so dar, als ob sie schuld an den Konflikten mit den Dorfkindern sei. Die Mutter wollte nie einsehen, dass sich Dora im Dorf wehren musste, weil sie provoziert und beleidigt wurde. Das war jedoch für die Mutter kein hinreichender Grund. Sie wollte keine Tochter, die als Schlägerin bei den Bewohnern ins Gerede kam. Im Bemühen um ein gutes Auskommen mit dem

Dorf vergaß sie ihre Tochter und nannte Dora ein böses Mädchen. Um weitere Konflikte zu vermeiden, musste diese einen großen Teil ihres natürlichen aggressiven Potentials verleugnen. Eine beträchtliche Energie wurde ins Abseits der Wüste verdrängt.

Diese Erfahrung teilen viele Frauen. Sobald sie in die Wechseljahre kommen, erschrecken sie deshalb, wenn vermehrt aggressive Impulse nach außen drängen. Sie fühlen sich schlecht, mögen sich nicht, wenn diese Heftigkeit des Affekts aus ihnen herausbricht, denn damit fallen sie aus ihrer bisherigen Rolle als Frau, die bestimmt war von einem großen Bemühen um Ausgleich und Harmonie. Häufig spüren Ehemänner solche Veränderungen an ihren Frauen sensibel als erste und reagieren manchmal empfindlich und abwehrend. Dann kann es ganz schnell geschehen, dass sich eine Frau abwertet in ihrem Gefühlsausbruch, sich verteufelt und auf diese Weise zum Sündenbock wird.

Das erlebt Marianne, deren Freunde und Verwandte sagen, sie habe sich zu ihrem Nachteil verändert. Bisher war sie mit der Rolle als angepasste Hausfrau zufrieden. Doch seit ihre Kinder in andere Städte gezogen sind, geht sie zielstrebig daran, ihr Leben umzumodeln. Sie erfüllt sich den lange heimlich gehegten Wunsch nach einem Studium an der Uni. Anfangs schaut sie neiderfüllt auf die jungen Kommilitoninnen mit ihren glatten und gepflegten Gesichtern. Wie locker und frei die miteinander umgehen, geht ihr während eines Seminars durch den Kopf. Der Kontakt mit den jungen Menschen verändert Marianne. Es gibt Momente, da hat sie vergessen, dass sie 51 Jahre alt ist. Wie gerne würde sie die Jahre zwischen 20 und 30 noch einmal neu leben, aber ohne Verantwortung für eigene Kinder. Viel zu früh habe ich geheiratet, denkt sie etwas bitter. Aber gleichzeitig spürt sie die große Befriedigung darüber, aus ihrem Leben etwas zu machen. An manchen Tagen sagt sie, das Leben habe sie nicht im Stich gelassen und genießt ihre schwungvolle Entwicklung. Das tut gut, stärkt ihr Selbstwertgefühl und schlägt sich im Klang ihrer Stimme nieder. Zu Hause hört sie am Echo ihres Mannes, dass er an manchen Tagen Mühe hat, sich mit dieser gewandelten Frau an den Tisch zu setzen. Auf einmal klagt er darüber, sie würde zu laut sprechen. Es dauert einige Zeit, diesen Eindruck zu akzeptieren, nicht verletzt dagegen zu poltern. Aber es gibt Tage, da muss Marianne sich wehren, weil die sich artikulierende Frau zur kreischenden Emanze karikiert wird.

Wem in den Wechseljahren solches widerfährt, fühlt sich abgewertet, in die Wüste geschickt und trifft dort auf eine weibliche Gestalt, neben die zu setzen sich lohnt. Es ist Lilith. In der hebräischen Überlieferung wird sie Adams erste Frau genannt, die sich weigerte, unter ihm zu liegen, auf ihre Gleichstellung pochte. Um von ihm nicht bezwungen zu werden, entwich sie in eine Höhle in der Wüste. Wer zu ihr ans Feuer sitzt, lernt seinen Freiheitsdrang kennen, den Wunsch nach Ungebundenheit. Lilith verkörpert die weibliche Kraft, die sich bewegen, handeln und bestimmen will, wie es ihrem Willen entspricht. Es ist Unangepasstheit in Verbindung mit einem großen Potential an Wildheit. In den Geschichten, die von ihr erzählt werden, ist sie die Frau, welche die Männer verführt, aber keine dauerhafte Beziehung möchte. Lilith bleibt die Einzelgängerin, die Streunerin, die nicht das Ideal des heimischen Herdes im Herzen trägt. Als Gegenfigur zur positiven Eva, die offen, empfänglich und verbunden geschildert wird, degeneriert sie zum Inbegriff der unfruchtbaren Frau.

In den Wechseljahren, in denen sich das Weibliche neu formt, kommt die sich individuierende Frau in Kontakt zu ihr. Dadurch füllt sich der Tank an inneren Kraftreserven für den Fortgang der Entwicklung. Wer sich Liliths Herrschaftsbereich nähert, für den sind Konflikte im Zusammenleben mit Männern in Beruf, Familie und Partnerschaft vorprogrammiert, denn diese Gestalt weist auf uralte weibliche Verletzungen im Verhältnis zu Männern hin, die in jeder Frau stecken. In erster Linie geht es um die Zurückweisung der aktiven und unabhängigen Frau, die zu ihrer Meinung steht, auch mehr als einmal kräftig auf den Tisch haut, um ihre Macht zu zeigen. Wenn Lilith danach verlangt, wahrgenommen zu werden, dann geht es im Alltag ums Durchfechten von Konflikten. Weibliche Standfestigkeit will sich entwickeln, um eine Frau darin zu bestärken, dass sie sich nicht vorschnell in die Rolle der allseits geliebten Frau zurückzieht. Wer Liliths Höhle zu früh wieder mit der Küche vertauscht, dessen Potential der wilden Frau verkümmert erneut im Alltag, kriegt Falten und setzt Fettpolster an, wird zur Matrone.

Doch Liliths ungezügelte Energie verlangt eine wache und bewusste Frau, die sich nicht von ihr vereinnahmen lässt. Wem es gelingt, das Alleinsein in Konfliktsituationen auszuhalten, Enttäuschungen und Verletzungen seines bisherigen Lebens zu durchleiden, der bleibt innerlich in Kontakt zu dieser Kraft und trägt aus der Wüste reiche Beute nach Hause: Eigenständigkeit, Unabhängigkeit und ein neu erwachendes Gefühl für das Unverwechselbare.

Wie alle archaischen Gestalten symbolisiert Lilith eine ambivalente Macht. Sie verfügt über ein großes Repertoire an Verführungskünsten und zeigt ihre Attraktivität frei und ungeniert. Es gibt Situationen, in denen sie für Frauen gefährlich werden kann, weil sie die Tendenz hat, in bestehende Paar-Beziehungen als zerstörerische Kraft hineinzuwirken. Ihre sexuelle Kraft kümmert sich nicht um herrschende Ordnungen, bevorzugt die kurze, nicht auf Dauer angelegte Affäre. Manche Frau entdeckt in der Leidenschaft einer neuen Liebesbeziehung, wenn die Kinder aus dem Haus sind, diese neue Seite an sich. Von allen Mutterpflichten befreit lebt sie eine feurige und freie Leidenschaft, die ihr bisher unbekannt war. Nie ist es einfach, eine solche Dynamik ins bestehende Lebensgefüge zu integrieren, und manche Frau wird im Schatten Liliths aus ihrer Ehe hinauskatapultiert.

Aber auch im umgekehrten Fall, wenn die Ehefrau von ihrem Mann betrogen wird, kann sie durch die erlebte Verletzung und den Schmerz der Zurückweisung mit Lilith in Kontakt kommen. Jetzt geht es in erster Linie um das verletzte weibliche Selbstwertgefühl. Vorherrschend ist ein Gefühl der Herabsetzung, das meist in eine rachedürstende Wut über die Männer mündet.

Wenn die Ehefrau auf die verlassene Frau in sich stößt, weil die Krise der Partnerschaft das bisherige Gleichgewicht der Kräfte verändert hat, beide Partner nicht länger eingebunden sind in die haltende Struktur der Beziehung, dann ist die Stunde der Lilith gekommen, die sich in diesem Vakuum niederlässt. Die Verbannte und Dämonisierte meldet sich als bisher nicht gelebte Kraft. Sie gewinnt ihre Energie aus dem Widerstand und der Unterdrückung der zurückgewiesenen Frau.

Evas eifersüchtige Gegenspielerin kann aber

auch zur Räuberin werden und Frauen daran hindern, ihrem Wunsch nach Beziehung zu entsprechen, weil sie auf ihren Verletzungen sitzen bleiben und fortan Männer nur noch durch eine negative Brille ansehen können.

In der Wüste wartet noch eine andere Frau. Auch sie wurde an diesen Ort geschickt: Es ist Hagar, die mit ihrem unehelichen Sohn Ismael am Verdursten ist. Als Sklavin ohne Rechte wurde sie verbannt, wartet auf den Tod. Aber am tiefsten Punkt ihres Leidensweges werden ihr die Augen aufgetan, und sie sieht einen Wasserbrunnen. Wer sich zu ihr an den Brunnen setzt, schöpft neue Kraft an einem der ältesten Wandlungsorte der Menschheit und lernt die verstoßene, isolierte Frau mit Kind kennen, deren neues Leben in der Wüste beginnt. Hagar wird zur Mutter eines großen Volkes. In der Wüste gewinnt sie Zukunft.

Ulla, Alleinerziehende mit einer Tochter, wird während der Wechseljahre von großen Existenzängsten heimgesucht. Mit jeder Hitzewallung fühlt sie sich bedroht. Es ist als ob sie am Verbrennen ist, aber niemand ihr zur Hilfe eilt. Sie kennt sich nicht wieder, denn bisher hatte sie die Aufgabe als alleinerziehende Mutter gut gemeistert. Doch in den letzten Monaten ist der Wurm drin. Die Boutique, in der sie als Filialleiterin gearbeitet hatte, machte zu. Ulla lebt von der Arbeitslosenhilfe, ein neuer Job ist nicht in Sicht. Im Zusammenleben mit ihrer Tochter wirken sich die Probleme der Wechseljahre im Verbund mit den Sorgen um die Existenz als Zündstoff für Reibereien und Konflikte aus. Oft verliert Ulla die Nerven, kann mit den steigenden Ansprüchen ihrer 13-jährigen Tochter nicht Schritt halten. Sie leidet unter dem Liebesentzug der Tochter, fühlt sich gescheitert in ihrem Lebensentwurf als alleinerziehende Mutter. Wie die sprichwörtlichen Felle schwimmen ihre alten Ideale davon. Die Schale, welche die starke Powerfrau umgeben hat, zerspringt und zeigt eine verletzliche und schwache Frau, die nur noch einen Wunsch kennt: einen Menschen neben sich haben, der den Alltag mitbestreitet. Ulla sitzt lange Monate in der Wüste neben Hagar. Es dauert, bis der Brunnen fließt, sich in einem neuen Job als Altenpflegerin neue Perspektiven zeigen.

Irgendwann ist die Zeit der äußeren, auch der inneren Wüste um. Die suchende Frau in den Wechseljahren wird wieder freigegeben. Irgendwann weiß die innere Uhr, es wird Zeit zur Umkehr. So wird die Wüste nicht Heimat, sondern bleibt ein Wandlungsort, der die erneute Hinwendung zum Alltag verlangt.

Wer die Wüste seiner Wechseljahre durchwandert hat, lernt einen reichen Schatz an inneren Bildern kennen, die richtungsweisend wirken und die Seele mit Nahrung versorgen. So kann auch diese

Durststrecke zu intensiver Auseinandersetzung führen. Langweilig wird es in den Wechseljahren eigentlich nie!

Die dynamischen Wirkkräfte mit ihrem Ziel der totalen Erneuerung sind noch nicht am Ende, bringen Gewohntes durcheinander. Rhythmusstörungen auf vielerlei Ebenen können sich zeigen.

Rhythmusstörungen

Zwei Freundinnen treffen sich. Auf die Frage, wie es geht, antwortet die ältere der beiden: *Kein Tag ist mehr wie der andere!* Seit einigen Monaten zeigen unregelmäßige Blutungen, dass sie die Schwelle zu den Wechseljahren überschritten hat. Das Gleichmaß ihres monatlichen Menstruationsablaufs ist durcheinander, und dies wirkt sich auf ihre seelische Verfassung aus. *Ich kriege mich einfach nicht mehr auf die Reihe. Manche Tage sind so richtig chaotisch.*

So oder ähnlich klagen Frauen, wenn sie die Zeit erleben, in der ihre monatliche Blutung unregelmäßig wird. Damit entfällt ein wichtiger Taktgeber im zeitlichen Ablauf. Das Gefühl der Kontinuität wird schwächer; auch scheint die Verlässlichkeit der Zukunft nicht mehr garantiert. Was sich heute gut anfühlt, kann morgen ganz anders sein. Es kostet eine Menge seelischer Kraft, mit dieser Wechselhaftigkeit den privaten und beruflichen Alltag zu bestreiten. Das über Jahrzehnte ablaufende

Körpergeschehen verändert sich und verlangt ein hohes Maß an Anpassungsbereitschaft. Wie es mir geht? Gut, aber weiß ich, wie das morgen sein wird? Heute habe ich gut geschlafen, habe in der Nacht nicht geschwitzt. Vorsichtig und ein wenig unsicher klingen die Worte.

Das vielschichtige Geschehen dieser Zeit zwingt über die körperlichen und seelischen Symptome manche Frau in die Knie. Der Körper als Organisator des Entwicklungsprozesses meldet sich vermehrt und verlangt nach Beachtung. Wenn in manchen Nächten der Schlaf abrupt gestört wird durch Herzklopfen, verbunden mit heftigen Schweißausbrüchen, dann bleibt es nicht aus, dass davon auch die Tagesgestaltung in Mitleidenschaft gezogen wird. Vielleicht fragt dann am nächsten Tag ein mitfühlender Chef: *Was ist mit Ihnen?* Oder die aufmerksam gewordenen Kolleginnen haken nach. Normalerweise könnten durch diese Nachfragen gute Gespräche entstehen. Aber heute schießen der Frau Tränen in die Augen. Sie rennt aus dem Büro, geht aufs Klo und raucht eine Zigarette. Sie spürt erneut die Erregung und Unruhe der Nacht, schwitzt und weint. Niemand soll sie so sehen! Die abgeriegelte Tür gibt Schutz.

Jutta, 51, attraktive Tennisspielerin, braungebrannt und durchtrainiert, fängt an, ihren Körper zu hassen, auf den auf einmal kein Verlass mehr ist. Das Schwitzen erlebt sie als etwas Demütigendes, weil es willkürlich und unbeeinflussbar ist, sie innerhalb von Sekunden klatschnass neben ihrem Partner im Bett liegt, sich verschämt ins Bad schleicht, unter der Dusche sich beruhigt. Aber gleichzeitig weiß sie, an Schlaf ist nicht mehr zu denken in dieser Nacht! Sie setzt sich ins Wohnzimmer; dunkle Gedanken suchen sie heim, verschwinden erst, als der neue Tag graut. Wie gerädert geht sie ihrem Beruf nach; die ihr sonst eigene Gelassenheit ist verschwunden. Gereizt und übertrieben reagiert sie auf Nichtigkeiten, bricht in Tränen aus, als ein Kollege witzelt: *Sie stehen wohl unter Strom!*

Wer unter Strom steht, von dem geht Spannung aus. Diese ist eine Folge erlebter Angst. Da in den Wechseljahren das über viele Jahre stabile Gleichgewicht gestört wird, entsteht vermehrt Angst. Gefühle der Enge oder Panik, Atemnot, Schwindel und Herzklopfen können die natürliche Folge sein. Unausgeglichen und sprunghaft erscheint dann eine Frau. Eine Zeit lang wird sie von großer Aktivität umgetrieben, die aber bald von lähmender Müdigkeit abgelöst wird. Jedes Mal zeigt sich Angst als eine Emotion, d.h. eine innere Bewegung. Es ist gut, sich immer wieder ins Gedächtnis zu rufen: Angst ist eine natürliche Begleiterin aller Entwicklungsprozesse, denn sie wirkt als Motor, verhindert das Verharrenwollen im Bestehenden. Wer das nicht freiwillig akzeptiert, dem macht die Angst Beine.

Jutta wehrt sich gegen die Schweißausbrüche und erlebt sich als Verliererin. Erst als sie anfängt, diesen ihr unangenehmen Vorgang nicht länger negativ zu bewerten, macht sie einen wichtigen Schritt, damit sich eine neue Balance einstellen kann. Eine Botschaft dieser Körpersignale heißt: *Lass geschehen!* Wer die neue Sprache seines Körpers akzeptieren kann, stellt meist bald eine Verringerung der fliegenden Hitzen fest. Mehr über die Lust und Last mit den Hitzewallungen ab Seite 130.

Herzklopfen

Wenn schwierige Zeitabschnitte durchzustehen sind, leistet das Herz als zentrales Antriebsorgan des Blutkreislaufs viel Arbeit. In solchen Stressphasen kann es ganz plötzlich zu stolpern anfangen. Das zeitliche Ebenmaß des gleichförmigen Herzschlags ist gestört. Als Folge des Umwandlungsprozesses im Klimakterium klagen manche Frauen über Herzrhythmusstörungen. Während des Tages lässt sich damit leben, aber in der Nacht hört sich das schnelle und unregelmäßige Pochen des Herzens gefährlich an. Angst und Panik lassen die Gedanken unkontrolliert im Kopf herumrasen.

Alles Körpergeschehen während der Wechseljahre stellt Fragen. Wenn ich meinen Körper ernst nehme, will ich mich dem Symptom stellen, seine Sprache verstehen lernen und kann dadurch vielleicht mit meinem aufgeschreckten Herzen in einen inneren Dialog kommen. Das Gefühl von Angst weist mich darauf hin, dass ich an einer Grenze angelangt bin. Mein Herz löst Alarm aus. Sollte ich doch ein wenig kürzer treten? Aber das fällt so schwer, sich in meinem Alter zuzugestehen, dass ich nicht mehr bis zum Anschlag gehen kann, vor der bisherigen Grenze Halt machen muss, weil meine Batterien schneller leer sind, als ich das gewohnt bin. Das Herzrasen in der Nacht wirkt wie ein Gefahrensignal. Es ist ja nicht nur dieser zentrale Muskel in mir, es ist mehr. Auch meine Seele schreit auf, gerät in die Enge, mein Inneres kann mit dem Tempo der Umwälzungen und dem, was ich zusätzlich verlange, nicht Schritt halten. Es bleibt mir nichts anderes übrig: ich muss kapieren, dass weniger besser für mich ist. Vielleicht ist die Zeit gekommen, mir endlich den Raum der Stille einzurichten, nach dem ich mich schon so lange sehne. Einfach sitzen und das Geschehen in mir zur Ruhe kommen lassen, nichts tun, nur in mich hineinhorchen, in mir Wohnung nehmen. Geh nach innen, scheint mir mein rasendes Herz zuzurufen. Schau in dich hinein, denn das ist dran im Veränderungsprogramm der Wechseljahre. Dann kannst du gelassen älter werden!

Gewichtsschwankungen

Wenn in diesem Kapitel von den Auswirkungen des veränderten hormonellen Rhythmus die Rede ist, scheint es, als ob der Beginn der Wechseljahre ausschließlich unangenehmer Natur ist. Doch in der Realität muss das nicht heißen, dass eine Frau von allen Störungen gleichzeitig heimgesucht wird. Da sie eine lange Phase der Reifung durchschreitet, gönnt ihr die Natur immer wieder Ruhephasen, in denen sich die Dynamik des Entwicklungsgeschehens beruhigt hat. Die Individualität jeder Frau zeigt sich, denn jede folgt ihrem eigenen inneren Gesetz, das es ihr ermöglicht, alle in ihr angelegten Kräfte zu entfalten. Offensichtlich gehört die spezifische Art des Umgangs mit den Beschwerden während des Klimakteriums auch dazu. Keine Beschwernis ist ewig, kein Symptom wird festgeschrieben, was besonders im Hinblick auf das Körpergewicht gilt. Für manche Frauen ist dies allerdings der *kritische* Punkt, an dem sie wenig Gefallen haben.

Der in den Wechseljahren vielfältig gestörte Rhythmus kann sich auch im Körpergewicht zeigen. Wenn der Zeiger der Waage zunehmend weiter steigt, beginnt für viele Frauen eine Odyssee, manchmal eine Leidenszeit. Wenn mich mein Körper nun auch noch im Bereich des Gewichtes im

Stich lässt, aus dem Leim geht, Rettungsringe um die Taille sich legen, Pölsterchen sich nur noch durch weite T-Shirts kaschieren lassen, dann geht die Frau in den Wechseljahren in Sack und Asche, will von der gewandelten Frau nichts mehr wissen, sondern nur noch werden, wie sie war: *schlank, schlank, schlank!*

Beim Einkaufen in meiner Boutique wird mir in der Umkleidekabine unausweichlich klar, in diese Rockgröße passe ich nicht mehr hinein. Das gibt es doch nicht, denke ich, das ist doch *meine* Größe und schaue mich etwas ratlos im Spiegel an. Klar, da um die Taille bin ich schon etwas fülliger geworden. Aber deshalb gleich die Kleidergröße wechseln? Als auch der nächste Versuch, mich ins Gewohnte zu zwängen fehl schlägt, meint die Verkäuferin lakonisch: *Das ist halt so in diesen Jahren!* Das war nun genau das, was ich nicht hören wollte, aber sie hatte recht, meine Figur hatte sich in den letzten Wochen verändert. Aber das machte erst die Anprobe sichtbar. Wenn ich während des Klimakteriums schon so viele Grenzen überschreiten muss, muss das denn nun auch noch an der Kleiderstange sein, sagt eine verzagte Stimme in mir. Traurig nehme ich Abschied von der bisherigen Idealgröße und nehme mir vor, da will ich wieder hin. Langsam taste ich mich an die neue Größe heran, siehe da, der Rock stimmt. Jedenfalls meint das die Verkäuferin, während ich den Eindruck habe, er sei mir viel zu weit. Unsicher bin ich, ob das nun so weitergehen wird beim Kleiderkaufen, ich nächstes Jahr bei den Damengrößen für die reiferen Jahrgänge landen werde. Deshalb nehme ich mir vor, die aus dem Bad entfernte Waage wieder an Ort und Stelle zu bringen, bin gespannt, welche Zahlen mein Gewicht bezeichnen, wie ich mich damit einordne, wie ich damit zurecht komme. Allerdings beschließe ich dann doch auf dem Heimweg, mir das Martyrium der täglichen Gewichtskontrolle zu ersparen, meinen Vorrat an weichen Strickkleidern und Hosen mit dehnbarem Bund zu erweitern.

Was aber macht die erschreckt von der Waage gesprungene Frau, die ohnmächtig zusehen muss, wie sich ihr Körper dem in vielen Medizinbüchern zitierten statistischen Mittelwert annähert, wonach zwischen dem 45. und 55. Lebensjahr mit einer Gewichtszunahme von ca. 5 kg zu rechnen sei? Sie stellt einen strengen Diätplan auf, resigniert nach wenigen Tagen, weil die in den Frauenzeitschriften erwähnten Gewichtsreduktionen bei ihr nicht eintreten. Durch ihre Phantasie geistert das Bild der Matrone mit Doppelkinn, und sie kennt nur einen Gedanken: *Ich möchte wieder werden, wie ich war!* Ich möchte werden, wie ich mir vertraut war, wieder in meine Körperhülle kriechen, weil ich mich darin auskenne, schließlich war ich schön und begehrenswert. Doch mein inneres Entwicklungsgesetz will etwas anderes, denn es sagt mir: Ich darf werden, wie ich eigentlich gedacht bin. Das heißt jedoch nicht, werden, wie ich mich denke, um meinem selbst entworfenen Idealbild zu entsprechen. Natürlich wäre es mir lieb, dieses innere Bild meiner zukünftigen Gestalt konkret vor mir zu haben, dann könnte ich hineinschauen, wie in einen Spiegel. Aber meine Natur mutet mir Geduld zu, damit meine zukünftige Wesensgestalt ausreifen kann. Ich muss mich ja an die neue Frau in mir erst gewöhnen und dieses Wesen lieb gewinnen. Die Begegnung mit der inneren Werdegestalt löst nicht immer Liebe auf den ersten Blick aus, vor allem, wenn sie an Gewicht zunimmt. Weise möchte ich schon werden, aber muss ich denn jetzt auch noch eine gewichtige Frau werden?

Frauen deren Körper sich im Klimakterium verändert, sind angewiesen auf positive Vorbilder. Zwar bestimmt das Schönheitsideal der jungen mädchenhaften Frau die Bilder in der Werbung, doch gibt es zunehmend mehr gewichtige Frauen, die im Blickpunkt der Öffentlichkeit stehen und den Mut haben, sich so zeigen, wie sie sind, ohne falsche Scham, aber mit einer entsprechenden Eleganz.

Alles, was in den Wechseljahren an Veränderungen auftritt, muss nicht zwangsläufig so sein. Die Symptome während dieser wechselhaften Zeit können auch wieder verschwinden, schließlich machen diese Jahre ihrem Namen auch alle Ehre. Bin ich während einiger Monate auseinandergegangen, kann sich das in einer ruhigeren Phase wieder ändern. Wenn das Auf und Ab der Entwicklung mich zu- und abnehmend macht, dann zeigt mir das auch, dass ich nach wie vor dem Mond verbunden bin, der als weibliches Gestirn weiterhin die Prozesse meines Lebens beeinflusst.

Am Ende dieses Kapitels muss noch von dem unsichtbaren Begleiter Stress die Rede sein, denn Rhythmusstörungen sind auch eine Reaktion auf Stress auslösende Vorgänge im Körper. Deshalb sollte das Bedürfnis nach Ruhe in dieser Zeit ernst genommen werden, nicht nur in Zeiten unregelmäßiger oder sehr starker Blutungen. Auch wer tagelang unter Hitzewallungen leidet, lässt viel seelische und körperliche Kraft und braucht ein Gegengewicht in Ruhe und Entspannung. Alles ablaufende Geschehen ist natürlich und normal, aber es verbraucht viel Energie. Die Verringerung der bisher gewohnten Menge an Östrogen, welche für die meisten Beschwerden verantwortlich ist, erzeugt Schwankungen im Hormonhaushalt. Dadurch wird das Gehirn im Bereich der Temperaturempfindung getäuscht. Es signalisiert Überhitzung, was sich im Schwitzen zeigt und setzt die entsprechenden Temperaturregler in Betrieb. Aber diese passen nicht zu dem, was geschieht. Der willkürlich ablaufende Vorgang der sogenannten fliegenden Hitze – in England heißt sie *funny flushes* – erzeugt, wenn er vorbei ist, die gegenteilige Reaktion des Fröstelns. Wenn so gegensätzliche Gefühle wie Hitze und Kälte innerhalb von wenigen Minuten geweckt werden, ist viel kompensierende Energie notwendig. Dies erklärt, warum manche Frauen während der Wechseljahre in Zustände permanenter Erschöpfung geraten können.

Schlafstörungen

Seismografisch reagieren Herz und Schlaf auf die Veränderungen im gewohnten Rhythmus. Ging die weibliche Uhr bisher sichtbar nach dem Mond, fällt diese Kennzeichnung nun weg. Immer noch steht der Mond am Himmel, bleibt auch weiterhin das Gestirn, dessen Anblick mich freut. Wenn ich bei Dunkelheit durch die Straßen laufe, suchen meine Augen zuerst den Mond als Orientierungshilfe in der Nacht. Weiterhin vertraue ich den kosmischen Rhythmen, die ihr Äquivalent in meinem inneren Mikrokosmos haben und daran mitwirken, ein neues Gleichgewicht in den Wechseljahren zu finden. Allerdings muss ich akzeptieren, dass sich die neue Balance erst auf dem Weg über Störungen einstellt. Das gilt auch für den Schlaf in der Nacht.

Im Laufe seines Lebens entwickelt jeder Mensch

ein Gespür für den eigenen biologischen Rhythmus, eine Sensibilität für die wiederkehrenden körperlichen und psychischen Vorgänge. Dazu gehört der Schlaf. Solange er verlässlich jede Nacht auftaucht, spielt er eine untergeordnete Rolle. Aber sobald er anfängt, mich nicht wie gewohnt ins nächtliche Geschehen hineinzunehmen, wird er auf einmal zum Gegenstand meiner Sorgen während des Tages. Hoffentlich kann ich heute Nacht schlafen.

Wenn der Schlaf als Traumes Hüter sich nicht bei mir niederlässt, können Nächte zur Qual werden. Auf einmal wird in den Wechseljahren spürbar, wie sich die hormonell bedingten Störungen auch auf den Schlafrhythmus auswirken. Wer Nächte des behinderten Schlafs durchstehen muss, kennt das Gefühl, am nächsten Morgen wie gerädert sich zu fühlen. Wenn sich der Schlaf in der nächsten Nacht erneut einstellt, fühle ich mich wieder kraftvoll verbunden mit dem pulsierenden Strom der Energie, die Nacht für Nacht in dieser Reparaturwerkstatt für Leib und Seele wirkt.

Schlaflose Nächte können zur peinvollen nächtlichen Heimsuchung werden, weil die Gedanken sich unkontrollierbar, von Angst gepeitscht, Raum nehmen. Im Dunkel der Nacht neigen grübelnde Gedanken dazu, die unangenehmen Ecken meines Lebens aufzusuchen, umkreisen das Unlösbare, verrennen sich in alten Geschichten. Stunde nach

Stunde vergeht, während ich sehnsüchtig auf den ersten Strahl der Sonne warte.

Wenn gerade in den Wechseljahren solche Zeiten des Wachliegens in der Nacht zu den neuen, meist als unangenehm erlebten Begleiterscheinungen gehören, dann steckt vielleicht in ihnen auch ein verborgener Sinn. Manche Frau, die nicht in der Klage über den unterbrochenen Schlaf verharrt, auch nicht zur Schlaftablette greift, nutzt dieses nächtliche Wachen für eine Revision dessen, was während des Tages alles passiert ist. Oft stellt sie fest, dass sie nachts Alltagsereignisse anders bewertet. Was am Tag so wichtig erschien, verliert in der Nacht an Bedeutung. Begebenheiten werden aufs Wesentliche zurechtgestutzt. Wer nach einer solchen Nacht in den nächsten Tag hineingeht, wirkt manchmal nachdenklich, still, natürlich auch müde und überlegt sich genauer als sonst, wie er den Tag gestaltet, was unbedingt sein muss an Arbeit und was vielleicht doch noch warten kann, um sich nicht zu viel zuzumuten. So können gestörte Nächte zu den Weichen führen, auf die im Klimakterium sich so vieles hin bewegt und die in den geheimnisvollen Bereich meines Inneren führen. Wenn in der schlaflosen Nacht sich die Gedanken leergelaufen haben, taucht manchmal ein Bild vor meinem inneren Auge auf, das in seiner Schönheit wie eine Belohnung wirkt und zu einer Entspannung führt, die in eine neue Schlafphase überleitet.

Da meine Seele aber nicht nur Speicher unzählig vieler Bilder ist, sondern auch alles beherbergt, was sich mir früher eingeprägt hatte, kann in einer solchen Nacht auch ein Gedicht, eine Liedzeile, ein Wort in mein Bewusstsein gelangen, das in mir sich ausbreitend Raum nimmt. Ohne mein Zutun entfaltet sich seine Kraft, und alle sorgenden und quälenden Gedanken können verschwinden.

Im Rosenkavalier von Richard Strauss singt die Marschallin von der vergehenden Zeit. *Die Zeit, sie ist ein sonderbar Ding, wenn man so hinlebt, ist sie rein gar nichts, aber dann auf einmal da spürt man nichts als sie. Sie ist um uns herum, sie ist auch in uns drinnen* ... Gedanken an die rieselnde Sanduhr wecken sie aus dem Schlaf, so dass sie aufsteht und die Uhren anhält. Diese Arie lief an manchen Tagen in meiner Küche *heiß*, denn sie drückt das aus, was in den Wechseljahren geschieht: Erkennen und begreifen, dass ich als Frau ein endliches Geschöpf bin. Verstehen lernen, dass ich das Ticken der Uhr während der Nacht, in der es lauter und unerbittlich drängender klingt als am Tag, aushalten muss, mich nicht gegen den Rhythmus *meiner* Zeit wehren darf, vielmehr in ihn einschwinge, um wirklich in meiner Zeit zu leben.

Schlafgestörte Nächte haben mir die Zeit als Begleiterin meines Lebens ins Bewusstsein gebracht. Vor dem Klimakterium kümmerte sie mich wenig, denn mein Leben floss dahin, ausgefüllt mit der beruflichen Arbeit und der Sorge um die Familie. Doch die schlaflosen Nächte haben mich ihre Gesetze gelehrt. Heute weiß ich mich in ihren Rhythmus einbezogen, bewege mich mit ihr weiter, habe den Eindruck, ich gehe versöhnlicher mit mir selber um, rege mich über so vieles nicht mehr auf, was noch vor kurzem wichtig war. Andererseits gibt es Tage, an denen die kürzer werdende Lebenszeit mich drängt, nichts mehr auf die lange Bank zu schieben. Kräfte sind aktiviert, die *jetzt* gestalten wollen. Kein Vorhaben soll in den Schubladen vor sich hinmodern. Die Zeit als Begleiterin lehrt mich, auf dem Boden zu bleiben, mich nicht in Illusionen zu verlieren, mich nicht aus meiner Wirklichkeit zu entfernen, um im Wolkenkuckucksheim bis ans Ende meiner Tage Luftschlösser zu bauen. Nüchternheit ist sicherlich eine Frucht der Wechseljahre. Nüchtern in schlaflosen Nächten anerkennen, wie ich älter werde und doch mit neugierigen und liebevollen Augen durch meine Tage gehen kann.

Im nächsten Kapitel geht es nach innen in die Welt der Träume, denn auf alles, was sein wird, bereiten wir uns träumend vor. Und die Wechseljahre zeigen sich, lange bevor sie nach außen sichtbar sind, in nächtlichem Traumgeschehen.

Traumpfade gehen

Träumen ist eine unwillkürliche psychische Tätigkeit. Das Auftauchen eines Traums bleibt dem Zufall überlassen. Vielleicht geht deshalb von Träumen so eine große Faszination aus. Sie lassen sich nicht selbst hervorbringen, aber sind sie einmal da, beanspruchen sie für einige Zeit Raum und Aufmerksamkeit. Angetrieben von der in ihnen wirkenden Energie, sind Denken und Phantasie damit beschäftigt, sich weiterhin im Traumgeschehen aufzuhalten. Dies dauert so lange, bis die durch den Traum aufgeladene Energie verbraucht ist, der Inhalt des Traums an Interesse verliert, absinkt, von weiteren Ereignissen abgelöst wird. Manche Bilder und Symbole eines Traums sprechen für sich, benötigen kein langes Herumdeuten. Bereits beim Wahrnehmen der Träume geschieht ein wichtiger Schritt der Integration. Ein Ganzes wird wieder hergestellt, weil die Nachtseite unserer Existenz in Verbindung mit der Tagseite kommt. Vollständig leben wir dann, wenn zwischen beiden Bereichen ein Austausch besteht. Dann kann sich Lebensenergie frei entfalten.

Träume bereiten auf die Wechseljahre vor

Alle Entwicklungswege werden durch Träume vorbereitet. Lange bevor äußere Veränderungen stattfinden, konfrontieren Träume mit visualisierten Geschehnissen, in denen sich der Wandlungsprozess niederschlägt. Häufig geht es darum, Angst auszuhalten, in Alpträumen auf das Gefühl der Ohnmacht zu treffen, am nächsten Morgen mit einem Seufzer der Erleichterung aufzuwachen, weil der schlimme Traum vorbei ist. Mein Aufbruch in die Wechseljahre, den ich mit der Frau am Fluss begann, hatte lange davor in meinen Träumen bereits begonnen. Wenn ich heute in meinen Traumbüchern blättere, staune ich darüber, wie manche Träume in ihrer Bildersprache zum Ausdruck brachten, was sich später in der Realität ereignete. Klar, der Rückblick erkennt den roten Faden des Gewebes, während in der aktuellen Situation alles andere als Ordnung sichtbar war. Mir ist die Frau noch nicht begegnet, die einen Traum erzählt, in dem sie auf einem Schild die Aufschrift liest: *Achtung, die Wechseljahre beginnen!*

Der Weg ins Neuland, den die Wechseljahre zu gehen zwingen, kann sich in vielfältigen Traumsymbolen niederschlagen. Oft steht das Bild der Reise im Zentrum. Manche Frauen erzählen regelrechte Serienträume, in denen sie Nacht für Nacht unterwegs sind mit Zug, Auto oder Flugzeug. Weichen werden gestellt, Züge fahren ab, aber sie schaffen den Anschluss nicht oder sitzen im falschen Zug, werden kontrolliert, hatten vielleicht vergessen, einen Fahrschein zu lösen, stehen beschämt im Abteil und wissen nicht, wie sie aus der Klemme kommen. Dies alles ereignet sich im Traum, bevor die letzte Blutung die Endrunde der Wechseljahre markiert.

Die Ungewissheit über die Dauer und das Ziel der Reise durch die Wechseljahre erzeugt Spannungen, aber durch das Traumbild der Bahnhofs-Szenarien verteilt sich die große Energie, die in dieser Zeit aus dem Unbewussten wirkt. Sie sorgt dafür, dass die Züge unterwegs sind, kein Stau entsteht, das Entwicklungsgeschehen im Rollen bleibt.

Anna, 52 Jahre alt, Mutter von vier fast erwachsenen Kindern hat Mühe mit den Bahnhofsträumen, in denen die Züge abfahren, durchfahren, sie nicht weiß, in welchen sie einsteigen soll. Immer kann sie das Schild nicht lesen oder andere Reisende hindern sie am Einsteigen. Sie kann sich nicht durchsetzen, der Zug fährt ohne sie ab. Traurig steht sie auf dem menschenleeren Bahnsteig, dicker schwarzer Rauch hängt in der Luft, vermischt sich mit einem Gefühl der Ohnmacht, weil sie es ja nicht geschafft hat, in den Zug reinzukommen. Das Gefühl der Resignation füllt den Rest des Tages aus. Am Ende hofft sie auf die wandelnde Kraft eines neuen Traumes. Jetzt sitzt sie im richtigen Zug, ist von vielen Frauen umgeben, einige ihrer Freundinnen sind darunter. Alle sind auf großer Fahrt, und sie hat die richtige Fahrkarte gelöst. Doch beim Aussteigen hat sie Mühe, ihren riesigen Koffer zu tragen.

Das Traumbild des zu großen und schweren Koffers setzt ihr zu, weil es ihr einen Spiegel vorhält, in den zu blicken sie erschreckt. Spätestens, wenn sie wieder mit zu vielen und zu schweren Einkaufstaschen aus dem Supermarkt sich nach Hause bewegt, bepackt und belastet, Hilfe ablehnt, weil sie das doch schafft, so viel zu tragen, entfaltet der Traum seine Wirkung, verpasst ihr einen Denkzettel.

Gewohnt, von klein auf Lasten zu tragen – eine weibliche Tugend –, wird es Jahre dauern, bis sich dieses Muster ihres Lebens verändern kann. Irgendwie scheinen die Lasten so natürlich mit ihr verwachsen zu sein, dass nur schwer zwischen ihrer Person und der Bürde auf dem Buckel zu unterscheiden ist. Der Traum vom zu schweren Koffer in seiner eindeutigen Sprache, veranlasste sie dazu, sich von altem Krempel zu trennen. Eine große Räumorgie in ihrem Zimmer musste sein, der

Kleiderschrank wurde ausgemistet, sie wollte sich von Dingen trennen, die das Etikett *alt* trugen. Solche Wegwerfattacken hatte sie mehrmals während der Wechseljahre. Ihre Garderobe machte verschiedene Metamorphosen durch. Es gab Zeiten, da konnte ihr Geldbeutel kaum Schritt halten mit dem dynamischen Veränderungsgeschehen in ihr, das sich in neuen Kleidungsstücken ausdrücken wollte. Der Blick in den sich stetig wandelnden Inhalt des Kleiderschranks war ein sichtbares Zeichen dafür, dass sie sich veränderte, nicht stagnierte.

Manche Träume wollen gemalt werden

Es gibt Träume, deren Erleben so intensiv ist, dass man sie nur schwer aus sich herausbekommt, gleichsam stecken sie noch in mir drin, beeinflussen das Befinden und entfalten auf diese Weise ihre Wirkung. Eine gute Möglichkeit, sich vom Traumgeschehen zu entfernen, bietet das spontane Malen. Es ähnelt der Art und Weise, wie Kinder malen, die sich nicht um Bildaufbau und Perspektive kümmern, die in ihrem Tun geleitet werden von der gestaltenden Kraft des Traums. Wer sich auf ein solches Malen einlässt, beginnt einen inneren Dialog. Gerade bei Angstträumen ohne lösenden Schluss, kann übers Malen eine Lösungsmöglichkeit gefunden werden. Dann drückt sich die Schwere des Traums nicht länger im Körper nieder, sondern verändert sich. Nach solchen Malstunden stellt sich eine tiefe Gelöstheit ein, weil Angst sich verwandelt, ein Gesicht bekommt und dadurch ihren Schrecken verliert.

Deutlich wird beim Malen, wie in vielen Träumen auch eine zukunftsweisende Richtung sich äußert. Allerdings heißt das nicht, dass ich hellsehend die Sprache meiner Träume entschlüssle, aus dem morgendlichen Kaffeesatz meine Zukunft lese. Immer bleibt etwas Geheimnisvolles zurück, denn oft, wenn ich felsenfest davon überzeugt war, den Traumgehalt glasklar zu erkennen, dann war mir spätestens am nächsten Morgen klar, was Sache ist. Mein Höhenflug war beendet, ich war wieder auf dem Boden der Tatsachen und vertraute mich demütig dem Leben an, das so, wie es sich ereignet, gut ist.

Träume von neuen inneren Räumen

Unerschöpflich scheint das Reservoir der Personen, die im Traum auftreten. Natürlich gibt es einen festen Stamm an vertrauten Menschen, die im Laufe des Lebens zu alten Bekannten werden. Aber immer wieder tauchen bisher unbekannte Wesen auf.

Der folgende Traum konfrontierte mich mit einer Frau, die in meiner Traumwelt Premiere feierte.

Ich entdecke in unserem Haus Räume, die noch leer stehen, nicht bewohnt sind. Wir sind alle überrascht, aber es ist so. Und es stehen sogar schon Möbel drin, etwas altmodisch aber doch schön. Dahinter wohnt noch eine Frau. Auch dieser Teil gehört zu unserem Haus. Die Frau kenne ich, sie arbeitet als Dramaturgin am Theater.

Der erste Eindruck beim Aufwachen war überraschtes Erstaunen und ein tiefes Gefühl der Freude, weil es in meinem Seelenhaus Räume gibt, von denen ich nichts wusste. Dann kann ich mich ja ausbreiten, die Anzahl der Zimmer erweitern, muss mich nicht länger zufrieden geben mit dem, was mir bisher zugeteilt war. Das ist ein gutes Bild für die wichtige Entdeckung, die in den Wechseljahren zu machen ist: in mir entstehen neue Räume. Ob sie nun leer stehen oder möbliert sind, auf jeden Fall gehören sie mir, und ich darf endlich einziehen, um sie so einzurichten, wie es meinem Geschmack und Bedürfnis entspricht. Gleichzeitig heißt das aber auch: wenn du hier nicht einziehst, beengst du dich und lebst nicht die Fülle, die dir zur Verfügung steht. Ein solcher Traum lässt sich phantasievoll ausmalen, das Bild der unbenutzten Zimmer verlockt zum Tagträumen.

Neue Räume und eine große Unbekannte in der Gestalt der Dramaturgin, so schien die Quintessenz des Traums zu lauten. Wenige Monate, nachdem ich in der Frau am Fluss eine neue Seite in mir entdeckt hatte, zeigt sich die Dramaturgin auf der Bühne meines Inneren. Ganz geheuer war sie mir allerdings nicht, denn ich spürte Angst vor ihr, traute ihr nicht, konnte sie nicht einschätzen, wusste nicht, was sie mit mir vorhat. Ich fürchtete ihr Eingreifen in mein Leben. Im Laufe der nächsten Zeit lernte ich sie kennen als eine dynamische Kraft, die in das Entwicklungsgeschehen ordnend eingreift, für das Ausagieren von inneren Verwicklungen und Konflikten sorgt und auf diese Weise zur Lösung beiträgt.

Heute schaue ich wie in eine Guckkastenbühne, folge noch einmal den Turbulenzen meiner Wechseljahre und spüre am schneller werdenden Herzschlag, wie nah das alles noch ist, wie schnell ich in der Phantasie im Probenplan meiner Wechseljahre meinen Namen finde.

Das Bedürfnis nach Stimmigkeit

Ein neues Bestreben war durch das Wandlungsgeschehen der Wechseljahre in mir wach geworden. Es drückt sich in dem Satz aus: *Es stimmt!* Oder *Es muss stimmen!* Hatte ich als 30- oder 40-Jährige keine Mühe damit, an einem einmal gefassten Entschluss festzuhalten, so war das, als ich die 50 überschritten hatte, nicht mehr der Fall. Auf einmal kam bei Verabredungen privater Art der Zusatz hinzu: *Wenn es für mich stimmt!* Und oft stimmte es nicht, mussten Absagen sein. In diesem *Es muss stimmen!* drückt sich der Wunsch aus, mein Gefühl und mein bewusst gefasster Entschluss mögen übereinstimmen. Dies wurde zu einer neuen Maxime meines Handelns, hatte im Umgang mit wenig verständnisvollen Mitmenschen zur Folge, dass die sich vor den Kopf gestoßen fühlten, wenn ich nicht wie geplant am Wochenende zu Besuch kam, weil nicht stimmte, was ich vorgehabt hatte. Etwas anderes war in meinem Inneren dran. Es hatte mich veranlasst, die Tage alleine und zu Hause zu verbringen.

Vielleicht hat dieses Bemühen, stimmig zu leben, d.h. Äußeres und Inneres in Übereinstimmung zu bringen, auch mit dem Träumen zu tun. Das Nachsinnen über das nächtliche Geschehen spricht ja dem Bereich der Seele einen großen Wert zu. Wenn ich an manchen Tagen lange noch in einem Traum steckte, absorbiert war von seinem Inhalt, mich erst allmählich lösen konnte, dann hatte dies durchaus Auswirkungen auf die Menschen meines Umfeldes. Oft ärgerte ich mich über diese neue Facette meines Wesens, weil sie mich empfindlich machte, ich nicht mehr so pflegeleicht war, mir zickig vorkam. Es dauerte mehr als ein Wechseljahr, bis aus dem in der Kindheit eingedrillten *Du musst!* ein liebevolles und generös ausgesprochenes *Du darfst!* wurde.

Helfergestalten im Traum

Ich blättere in meinen Traumbüchern der vergangenen Jahre. Das mache ich manchmal, um zu sehen, wie sich meine Träume verändern, bin neugierig, was ich unterstrichen habe. Oft klappe ich die vollen Buchseiten mit einem Seufzer der Erleichterung zu. Gott sei Dank, das ist vorbei! Doch gibt es auch Träume, an die ich zu allen Zeiten mich gerne erinnere, weil Freude aufkommt, wenn ich mich erneut in ihr Geschehen hineinbegebe. Dankbar bin ich für tröstende Traumbilder, die mir in schwieriger Zeit helfen, den Kopf nicht in den Sand zu stecken. Wenn ich in der Realität Mangel erlebe, kann mir die kompensatorische Funktion der Träume einen Ausgleich verschaffen. Meine Sehnsucht nach der weisen alten Frau, die mich durch die Wechseljahre geleitet hatte, hat ihre Antwort in den Träumen gefunden, in welchen eine weibliche Helfergestalt unbestimmten Alters aufgetaucht ist. Solche Traumgeschehen bewirken einen Seufzer der Erleichterung, denn im Unbewussten meldet sich die Kraft des weiblich Vegetativen, formt die Gestalt der guten Helferin, die u.a. auch in vielen Märchen zu Hause ist. Aus dem großen Arsenal archetypischer Muttergestalten wird manchmal eine losgeschickt. Ganz plötzlich sitzt sie am Wegrand, scheint nur darauf gewartet zu haben, dass ich sie sehe. Häufig ähneln diese Traumgestalten Frauen, die ich in meiner Kindheit als gut erlebt habe. Auf diese Weise fließt Zuneigung, und wärmende Nähe nährt das Vertrauen in den Fortgang des Lebens. Nach solchen Träumen begleitet Zuversicht in den Tag hinein.

In Zeitabschnitten, in denen es mir schlecht geht, das gute Lebensgefühl tief hinunter in den Keller gesunken ist, suche ich Kontakt mit diesen Kräften beim Malen. Häufig entstehen grüne Gestalten in einer Landschaft, die meinen Gefühlen entspricht. Durch das Malen belebt sich die Grünkraft meiner Seele. Der Aufenthalt im Keller ist beendet.

Lisa, 47 Jahre alt, bewusst allein lebend, ist von der Dynamik ihrer Wechseljahre begeistert. Sie staunt über die veränderten Traumbilder, erlebt zum ersten Mal ein Traumgeschehen, in dem ein großer heller Engel auftaucht, sie ihn von weitem sieht, und ein Gefühl großen Friedens macht sich in ihr breit. Erinnert wird sie an das Bild des Schutzengels, das über ihrem Kinderbett hing. Auf einmal fängt sie an, auf Flohmärkten nach Schutzengel-Bildern zu suchen und hat den Eindruck, sie tut sich damit Gutes. Für Lisa bleiben die Veränderungen der Wechseljahre mit dem Bild des Engels verbunden. Sie ist fest davon überzeugt, dieser Engel habe die Aufgabe, sie heil durch diese Zeit zu führen.

Träume von Schwangerschaft und Geburt

Träumend bereitet mich meine Seele auf die Veränderungen der Wechseljahre vor; und da geht es auch um das Ende meiner Gebärfähigkeit. Für meine Alltagslogik passt dann nicht zusammen, wenn ich im Traum hochschwanger bin. Verwirrt schüttle ich beim Aufwachen den Kopf und bin gleichzeitig erfüllt vom überraschenden Traumgeschehen, das mir diesen exotischen Cocktail gemixt hat. Ausgerechnet zu Beginn der Menopause laufe ich mit dickem Bauch durch einen Traum, habe den Eindruck, *der Backofen fällt gleich zusammen,* die Wehen können jeden Augenblick losgehen.

Träume, welche den Vorgang des Gebärens im Zentrum ihrer Handlung haben, zähle ich zu den kostbaren. Immer rufen sie ein sattes Gefühl körperlicher und seelischer Befriedigung hervor. Neues Leben in sich spüren, den Bauch wieder mit einem Kind gefüllt zu haben, stellt eine existenzielle Erfahrung des Glücks für mich dar.

Damals, als ich zwischen 30 und 40 die so genannte Lebensmitte erreicht hatte, war ich auf einer Reise in fremdem Land. Am Tag vor dem Heimflug träumte ich meinen ersten Traum von einer bevorstehenden Geburt, und damit war ein großes Verlangen nach einem weiteren Kind geweckt. Die Sehnsucht nach dem dritten Kind setzte mir zu, wollte eine Antwort. Sie fiel anders aus, als ich ursprünglich meinte, denn auf einmal war klar: dieses Kind symbolisiert den inneren Weg, den ich gehen muss, um *in* mir das Kind zu gebären. Ich begann eine Analyse, weil die Kraft im Symbol der Geburt nach dieser Umsetzung drängte.

Und nun bin ich 50 und träume von einer Geburt. Es gab Tage, da musste ich über diesen Traum lachen, weil ich doch eigentlich schon zum alten Eisen gehörte. Aber das Bild der Geburt im Traum weist darauf hin, dass ich weiterhin fruchtbar bin, neues Leben hervorbringen kann. Meine schöpferischen Kräfte hören nicht auf. Aber es wurde mir bewusst, dass mit dem Traumbild der Geburt auch alle Schmerzen des Geburtsvorgangs verbunden sind.

Ich bin schwanger. Es ist so weit, ich gehe in ein einfaches Entbindungsheim. Eine Frau in meinem Alter hilft mir bei den Wehen, gibt mir eine Spritze in die Brust. Mein Mann und die Kinder besuchen mich, danach fährt mich mein Mann ins Krankenhaus, denn die Wehen werden stärker. Ich sehe einen sehr langen schlauchartigen Gang vor mir.

Ausgerechnet in den Wechseljahren spüre ich das schmerzhafte Ziehen im Becken, wenn die Wehen losgehen. Oft war unter den Traumbildern dieser Zeit auch das Krankenhaus. Es wies darauf hin, in diesem Entwicklungsprozess geht es auch um Gesundwerden dessen, was in meiner Seele leidet und krank ist. Es gab dann die Zeiten der Krankheit, wo Körper und Seele mich langsam an die veränderten Bedingungen der Wechseljahre anpassten. Das neue Gleichgewicht pendelte sich erst über die Jahre ein. Krankheitsträume zeigen u.a. die Ungesichertheit menschlicher Existenz. Nicht immer ist solchen Träumen anzusehen, ob sie eine Warnfunktion haben, es also angeraten ist, zum Arzt zu gehen oder nicht. Der gravierende Einschnitt in dieser Lebensphase kann sich auch im Bild einer bevorstehenden Operation verdichten.

Der obige Traum zeigt mich anfangs umgeben von Menschen. Doch der Blick in den leeren Gang macht deutlich, da kommt ein Stück inneres Erleben auf mich zu, das ins Dunkel führt, dessen Ende nicht abzusehen ist. Da muss ich durch! In nüchterner Sprache sagte der Traum: Dieser Geburtsweg, das Gebären deiner neuen Lebensmöglichkeiten, ist deine ureigene weibliche Angelegenheit. Keiner geht mit dir durch diesen Tunnel. Wenn du Glück hast, ruft dir vielleicht eine innere Hebamme, die das Geschehen überblickt, zu, wie du am besten vorwärts kommst oder streckt dir eine Hand entgegen.

Der schlauchartige Gang ist ein Bild für den Geburtskanal. Ich gebäre und werde gleichzeitig selber neu geboren. Im Bild des Kindes verkörpert sich ein neuer seelischer Inhalt. Er wird gewonnen auf dem Weg des Entwicklungsgeschehens, aus dem ich als veränderte Frau hervorgehe. Aber der Geburtsverlauf ist nicht gleichmäßig, folgt eigenen Gesetzmäßigkeiten, in die ich mich einpassen muss. Während der harten Zeitabschnitte der Wechseljahre wird das Traumerlebnis der Geburt zu einem Versprechen und hilft dabei, das Ziel des Neuwerdens nicht aus den Augen zu verlieren.

Menopause – die blutungsfreie Zeit

Als Kind der Nachkriegszeit und als heranwachsendes Mädchen in der Enge der 50er Jahre stieß ich mich an den herrschenden Normen und Geboten, hatte Mühe mit einer Moral, die körperliche Lust verteufelte, die natürliche Neugier und Freude am eigenen Körper mit Schuldgefühlen niederdrückte. Der Bereich der Menstruation war wenig wertgeschätzt, gehörte zu den Unannehmlichkeiten weiblichen Lebens. Es war ein langer Weg weiblichen Bewusstseins, bis die weibliche Göttin in ihrer Fruchtbarkeit durch die feministische Bewegung ihren Wert zugesprochen bekam. Auch als Heranwachsende fehlte mir die weibliche Leitfigur, die das Mädchen einführt in die geheimnisvollen Vorgänge ihres Körpers.

Der Beginn der monatlichen Blutung machte mir drastisch deutlich, dass ich nun bei Sportfesten, die am Tag meiner Regel stattfanden, nicht mehr aufs Siegertreppchen kam. Der sportliche Wettbewerb hatte an Glanz verloren, ich trauerte um einen Verlust. Es dauerte einige Zeit, bis ich dieses Gefühl der monatlichen Mattigkeit nicht länger bekämpfte, mich dareinschickte und die Türen meines Inneren an diesen Tagen noch fester abschloss als sonst. Am liebsten setzte ich mich an den Bach an unserer Mühle unter den großen Holunderbusch und war froh, wenn mich niemand fand. Ich kroch in mich hinein, fing an, Tagebuch zu schreiben, fühlte eine Regung meiner Seele, die mich still machte. Der Bach mit seinen Wassergeräuschen tat mir gut, das fließende Blut, das fließende Wasser entsprachen einander. Die Frau am Fluss hatte ihre Vorgängerin in dem jungen Mädchen am Bach.

In meiner häuslichen Umgebung hatte die Menstruation wenig positive Namen. Die Männer machten Witze über Frauen, die *ihre Sach* haben und launisch waren, anders rochen, nicht ganz geheuer waren. Am besten war es, man machte einen Bogen um sie. Wer Monatsbinden brauchte, ging zum Lebensmittelgeschäft an der Ecke, murmelte ein leises, kaum verständliches *Camelia*, worauf die Verkäuferin wortlos nickte, sich bückte und unter dem Ladentisch eine in Zeitung verpackte rechteckige Schachtel hervorholte, die schnell in der Einkaufstasche verschwand. Heimlichkeiten umgaben diese Tage, an denen das Blut fließt. Man durfte nicht baden, weil das ungesund war. Sport war zu unterlassen. Irgendwie gehörte man nicht mehr richtig dazu, fehlte ein Ort, wo man hinpasste. Kein Wunder, wenn Frauen und junge Mädchen sich mit Bauchkrämpfen und Blutungsschmerzen eine unsichtbare Menstruationshütte auf der Couch oder im Bett errichteten, sich auf diese Weise ihren Raum nahmen.

Als junges Mädchen war ich fasziniert vom Blut, lernte seinen Fluss wahrzunehmen, die verschiedenen Farbabstufungen, wie sich seine Konsistenz änderte von Tag zu Tag. Ich hatte den Geruch des Blutes gerne in meiner Nase, roch das sich zersetzende Blut bei der Banknachbarin, die an *ihren* Tagen etwas *muffelte*. Damals gab es noch nicht die Hygienemöglichkeiten unserer heutigen Zeit. In der Waschküche standen die Bottiche mit den eingeweichten, wieder verwertbaren Stoffbinden, die im blutroten Wasser lagen, gekocht wurden, um danach an der hintersten Ecke der Wäscheleine aufgehängt zu werden, damit sie ja niemand der Vorbeigehenden sah. Die Wegwerfbinde war ein Fortschritt, aber den Formen des weiblichen Körpers wenig angepasst, scheuerte und zwickte, konnte die Tage zur Last machen.

Als ich verheiratet war, wurde die monatliche Regel zu einer Zeit, in der ich nur mir gehörte. Ich fühlte mich gut als Teil der Natur und wollte mir nie vorstellen, dieses Ereignis könne einmal vorbei sein. Ich spürte die kommende Trauer um den Verlust.

Das Kontinuum meines weiblichen Kalenders hatte einen stabilisierenden Effekt auf mein Lebensgefühl. Ich vertraute dem langsam sich aufbauenden Spannungsbogen während des Zyklus von vier Wochen, genoss das gesteigerte Lustbedürfnis um die Zeit des Eisprungs und vertraute mich dem allmählichen Abschwung in der zweiten Hälfte an. Dieses verlässliche und natürlich wiederkehrende Erleben bot einen festen Rahmen, in dem ich mich eingerichtet hatte. Nun wurden die Blutungen schwächer und unregelmäßig. Habe ich getrauert?

Und dann war es einfach vorbei. Ich musste keine Trauerkleidung tragen, denn es geschah organisch und ohne dramatische Begleitumstände. Beim Gang durch den Drogeriemarkt konnte ich die Regale mit der Monatshygiene links liegen lassen. Es war vorbei, ich hatte etwas hinter mir, hatte meinen Teil geleistet, eine Rechnung schien beglichen. Letztendlich überwog das Gefühl der Freiheit.

Als die erste Regel einsetzte, erlebte ich dies als große Beschränkung meiner bisherigen Freiheit. Auf einmal wurde ich von der weiblichen Natur in die Pflicht genommen. Auf der einen Seite gab sie mir einen Anteil an der Macht körperlicher Fruchtbarkeit, auf der anderen Seite konfrontierte sie mich mit Beschränkungen und Abhängigkeiten. Heute gibt mich mein Körper frei. Eine Tür schließt sich mit dem Ende der körperlichen Empfängnisfähigkeit. Wieder gehorche ich einem Naturgesetz, folge dem Weg durch die Wechseljahre. Neue Türen öffnen sich, die in unbekannte Räume führen. Hatte ich früher manchmal geglaubt, durch die Menopause sei die weibliche Welt mit Brettern vernagelt, ergeben sich heute ungeahnte Ausblicke. Von ihnen wird noch die Rede sein.

Habe ich getrauert? Ja, doch, denn an manchen Tagen stand ich im Clinch mit abwertenden Gedanken, den negativen Meinungsmachern und inneren Scharfrichtern, die mir weismachen wollten, ich sei nun minderwertig. Angst machte mich klein, mischte mit im Bereich der Sexualität, wollte ihn mir madig machen. Weil es den Eisprung nicht mehr gab, fehlte ein Kick und Stimulus. Die besondere sexuelle Erlebnisfähigkeit an diesen Tagen schien verloren. Jetzt wo die Eierstöcke dabei waren, ihre Produktion einzustellen, kam Unsicherheit auf, und eine Stimme aus dem Chor meiner negativen Kräfte wollte mir einreden, es bliebe halt nur noch ein Mittelmaß an sexueller Sensibilität übrig.

Viel stärker als ich zugeben wollte, musste ich mich auseinander setzen mit dem Wust an Phantasien über die Wechseljahre, die zwar längst überholt sind, aber eben doch negative Wirkung zeigen. Klar, sagte es in mir, du wirst jetzt älter und im Alter regiert die Gewohnheit, lässt die Freude im Bett nach, gibt es nichts Neues mehr, höchstens neue Bettwäsche. Solche restriktiven Besserwisser setzten meinem Selbstbewusstsein zu. Enttäuscht war ich aber auch, dass dieses Denken mich beeinflusste und eine große Verengung und Beschneidung meiner sexuellen Freiheit bewirkte. Heut weiß ich, es gibt dagegen kein besseres Mittel, als sich daran zu erinnern, dass Erotik und Liebe nicht an Attraktivität verlieren. Sexualität bleibt ein Motor für Daseinsfreude, und das Feuer der Zuwendung kann durchaus korrespondieren mit der feurigen Frau in den Wechseljahren.

Uschi, 52, eine erfolgreiche Business-Frau, erlebt das Ausbleiben der Blutung als Befreiung. Endlich Schluss mit der körperlichen Einschränkung. Endlich Schluss mit der Vorratshaltung an Tampons und Binden. Endlich Schluss mit der Angst vor einer Schwangerschaft. Da sie die Pille nicht vertrug, war sie genötigt, ihren Zyklus genau zu beobachten, hatte viele Male gebangt um das Einsetzen der Blutung, war die Angst vor einer möglichen Schwangerschaft zur unwillkommenen Begleiterin im Bereich der Sexualität geworden. Aber nun beginnt ein neues Kapitel ihres erotischen und sexuellen Erlebens, das in der Beziehung zu ihrem Lebenspartner zu freieren Ausdrucksmöglichkeiten ihres Lustverlangens führt. Die Fessel der Empfängnis hindert sie nicht länger, ihrer erotischen Phantasie freie Bahn zu lassen.

Ganz anders sieht es bei Mara aus. Sie kam relativ früh in die Wechseljahre, hatte mit 45 Jahren ihre letzte Blutung. Die Information ihrer Ärztin, dass dies bedeute, die Eierstöcke würden nun kaum noch Östrogen produzieren, stürzte sie in tiefe Trauer. Nein, sie will noch nicht zu den unfruchtbaren Frauen gehören. Nie hätte sie gedacht, dass dieser Einschnitt so früh bei ihr sein würde. Gefühle der Wut und Enttäuschung machen sich breit. Wie gelähmt sitzt sie in einem Loch und wehrt sich gegen die Entwicklung ihres Körpers, denn sie hatte die Hoffnung auf ein Kind noch nicht aufgegeben. Um die Zeit ihres vierzigsten Geburtstag war die Sehnsucht nach einem Kind in ihr vehement aufgebrochen, nachdem sie sich mit ihrer Kinderlosigkeit eigentlich abgefunden hatte. Sie *musste* ein Kind haben, schaute auf jede Kinderwagen schiebende Frau mit neidischen Augen. Und es gab Tage, wo sie in Höhenflügen der Phantasie erfüllt war von der Gewissheit, sie würde noch ein Kind gebären. Aber jetzt hatte die Natur diesem Lebenstraum einen Riegel vorgeschoben.

Die Vielfalt weiblichen Erlebens während der Wechseljahre ist groß; sie zeigt auch, dass die persönliche Lebenssituation die Einstellung zu dieser Phase beeinflusst. Für Mara, die kinderlos gebliebene Frau, scheint die Welt mit Brettern vernagelt zu sein. Sie trägt schwer daran, ihren Kinderwunsch begraben zu müssen, gerät in eine Depression, lernt mit Hilfe einer Therapeutin, das Tal ihres Schmerzes zu durchwandern und gewinnt neue Einsichten in das, was in ihrem Inneren darauf wartet, endlich gelebt zu werden. Ihr Wunsch nach leiblichen Kindern konnte nicht erfüllt werden, aber damit war sie nicht am Ende ihrer weiblichen Potenz angelangt. Allerdings brauchte sie eine neue Brille, um zu sehen, was sich hinter dem Wunsch nach dem realen Kind verbarg. Sie lernte es sehen als Ausdruck ihrer großen Sehnsucht nach Veränderung in ihrem Leben.

Solange eine Frau fruchtbar ist, hat sie Teil am biologischen Prozess des Empfangens und Gebärens. Jedes Kind bedeutet eine Verjüngung, denn in ihm lebt etwas von ihr weiter. Dieser Vorgang ist durch das Ende der Eierstocktätigkeit zu seinem körperlichen Abschluss gekommen. Während der Wechseljahre geht es nun darum, von der Gebundenheit an die biologischen Gegebenheiten Abschied zu nehmen, um den Übergang in neue geistig-seelische Bereiche zu wagen. Wenn das Ende der biologischen Mutterschaft erreicht ist, geht der Zeitgeber Menstruation verloren. Ein neuer Rhythmus pendelt sich ein. Aber den muss jede Frau für sich erst finden. Das macht diese Jahre so mühsam, aber gleichzeitig auch spannend, denn am Ende dieses Zeitabschnitts hat sich das Profil einer neuen Frau geformt. Ihre Individualität sucht neue Ausdrucksmöglichkeiten.

Partnerschaftskrisen durch die Wechseljahre?

Jede Partnerschaft ist Wandlungsprozessen unterworfen und reagiert auf Veränderungsprozesse im System der Beziehung. Im gesunden Regelkreis des Miteinanderlebens kann es nicht ausbleiben, dass das Klimakterium auch Auswirkungen auf den Ehemann, Freund oder Lebenspartner hat. Dieses Jahre können zum Prüfstein einer Partnerschaft werden.

Karla, 46, Mutter dreier Kinder, mit einem jüngeren Mann bisher ohne große Krisen verheiratet, leidet sehr unter den unregelmäßig auftretenden Blutungen, starken Schweißausbrüchen, extremen Stimmungsschwankungen und dem Verlust ihrer gewohnten Kraft. Ihren Körper erlebt sie als einen chaotisch regierenden Fremden, fühlt sich nicht mehr heimisch und geborgen in sich, mag sich nicht mehr riechen. Am meisten aber beunruhigt sie das Desinteresse am körperlichen Austausch von Zärtlichkeiten mit ihrem Mann. Konflikte im Zusammenleben werden häufiger, Streit und Missverstehen am Abend gehören zum Alltag. Nach solch einer Konfrontation zieht Karla aus dem gemeinsamen Schlafzimmer aus; sie braucht die Distanz zu dem sie bedrängenden Körper ihres Mannes. Gleichzeitig hat sie eine große Angst davor, er könne fremdgehen. Ein Gespräch über die Mühen mit ihrem Körper, den seelischen Abstürzen, findet nicht statt, denn Karla schämt sich für das, was ihr widerfährt. Meilenweit entfernt ist sie vom Bild der attraktiven und verführerischen Frau, das ihr Mann an ihr liebt.

Warum fällt es Frauen so schwer, über die Veränderungen während des Klimakteriums mit ihrem männlichen Gegenüber zu sprechen? Vielleicht deshalb, weil ein offenes Gespräch zunächst schonungslos die unterschiedlichen Bedürfnisse von Mann und Frau zeigt. Beide erfahren sich als unüberwindbare Gegensätze, wenn keiner auf die Wünsche des anderen eingehen kann. Da viele Frauen Zeit brauchen, um sich auf die sexuellen Wünsche des Mannes einzustellen, verliert dieser oft die Geduld und treibt seine Partnerin dadurch in die Enge. Diese fühlt sich unter Druck gesetzt und wehrt ab. Ein solcher Clinch wirkt sich negativ aus, denn er ist ein ungeeignetes Mittel, um eine Atmosphäre der gegenseitigen Offenheit entstehen zu lassen. Zunehmender Mangel an sexuellem Kontakt kann zum Konfliktpotential werden. Waren beide Partner bisher gewohnt, trotz aller

Unterschiedlichkeiten immer wieder zueinander zu finden, scheint nun die Basis für gemeinsame lustvolle Begegnung verloren gegangen zu sein. Der weibliche Wunsch nach Distanz erzeugt Schuldgefühle, die Erfahrung von Wechseljahresbeschwerden lässt das weibliche Selbstbewusstsein schwinden. Minderwertigkeitsgefühle machen sich breit, die Angst, als Frau nicht mehr *richtig* zu funktionieren, verengt die Optik. Darüber hinaus geht es auch in der Partnerschaft darum, von bisherigen Bildern und Rollen Abschied zu nehmen. Nichts ist anstrengender als die allzeit erotische Frau, den allzeit potenten Mann zu spielen. Spätestens in den Wechseljahren ist mit dieser Einseitigkeit Schluss, wollen auch andere Seiten in der Beziehung gelebt werden. Wer seinem Partner Einsicht geben will in seine inneren Befindlichkeiten, muss den Schleier der Scham wegziehen. Dann kann Öffnung geschehen, der männliche Partner verstehen lernen. Zwar sind die Wechseljahre keine Krankheit, aber sie verlangen in manchen Phasen ein geduldiges Rücksichtnehmen. Wer diese Fähigkeiten bisher in seiner Ehe vernachlässigt hat, der kann ins Schleudern kommen. Dann wählt vielleicht der Mann den Fluchtweg zu einer jüngeren Frau, und die Frau in den Wechseljahren sitzt verlassen in der Wüste, umgeben von Einsamkeit und Trauer.

Manche Ehe wird geschieden im Verlauf dieses

Zeitabschnitts. Ob die Ursachen dafür in den Veränderungen dieser weiblichen Entwicklungsphase liegen, ist schwer festzustellen. Für Karla, die mit dem Auszug aus dem gemeinsamen Schlafzimmer eine Zumutung für ihren Mann wurde, begann der Exodus aus ihrer Ehe. Auf einmal wurde ihr bewusst, wie sehr sie sich vernachlässigt hatte im Bestreben eine harmonische Ehe zu führen. Letztendlich funktionierte diese nur, weil sie ihre Bedürfnisse den Wünschen ihres Mannes geopfert hatte. Da alle Versuche, einen veränderten Umgang miteinander zu lernen, in Sackgassen führten, hatte sie sich aufgemacht, die nur noch als Joch erlebte Beziehung aufzukündigen, begann ein neues Leben, begleitet von Ängsten, Hoffnungen und dem untrüglichen Gefühl, dass es sein muss!

So wie jede Frau ihren ganz persönlichen Weg durch die Wechseljahre findet, so ist auch jede Partnerschaft genötigt, auf die Veränderungen dieser Zeit zu antworten. Noch dringt wenig ins öffentliche Bewusstsein, wie eigentlich Männer die Wandlungen ihrer Frauen erleben. Während des Klimakteriums halten diese ihnen ja einen Spiegel vor, der ihnen Einblicke hinsichtlich des Älterwerdens zumutet. Zwar erleben die Männer den Abschied von der körperlichen Fruchtbarkeit erst später, doch zeigt auch der männliche Körper Zeichen des natürlichen Alterungsprozesses. Fast scheint es so, als ob die Auseinandersetzung um diese Entwicklung sich auf die weibliche Seite verschoben hat, Männer sich diese Frage noch vom Leib halten. Viele suchen im Anblick einer jüngeren Frau weiterhin das Spiegelbild, welches zur Stabilisierung ihres Selbstbewusstseins beiträgt. Aber auch wenn dies geschieht, muss das nicht das Ende einer langjährigen Ehebeziehung bedeuten.

Aushalten oder Trennen?

Bei Anna, 49 Jahre alt, kriselt es in der Ehe, seit die drei Kinder aus dem Haus sind. Ihre Ehe hat sich in Gewohnheiten festgefahren, steckt in der sprichwörtlichen Sackgasse, leidet unter Abnutzung und Überdruss. Immer häufiger verbringt Annas Mann Zeit außer Hause. Er nutzt jede berufliche Gelegenheit zu Überstunden. Anna trauert um den Verlust der Kinder, sitzt in der großen Wohnung im Vakuum, das sie hinterließen, vermisst Nähe und Ansprache, kennt sich nicht wieder. Der Halt, den die bisherige Familienstruktur bot, ist verloren. Schmerzhaft spürt sie, wie sich ihr Mann auf der einen Seite von ihr abwendet, sie auf der anderen Seite aber angewiesen ist auf gemeinsame Gespräche mit ihm. Dann fühlt sie, es gibt noch etwas, was sie beide miteinander verbindet. Die Tatsache, dass ihr Mann *fremdgeht,* seit Monaten eine feste Beziehung zu einer jungen

Frau hat, lässt sie in tiefe Verlassenheitsängste sinken. Was sie nie für möglich gehalten hätte, ist eingetreten: Sie ist eine verlassene Frau, konfrontiert mit Gefühlen der Ohnmacht und einer grenzenlosen Wut. Zu den Anpassungsleistungen, die ihr das Klimakterium abverlangt, kommt nun noch die Krise ihrer Ehe. Annas Existenz gerät in große Turbulenzen, Träume von Erdbeben wiederholen sich, weisen auch auf die große Gefahr hin, in der sie sich befindet.

Ihre Gedanken suchen nach Lösungsmöglichkeiten, ihre Phantasie erprobt sich in Vorstellungen von einem Leben als geschiedene Frau. Und eines Tages ist es ihr klar, sie wird sich nicht trennen. Sie wird aushalten, warten und hoffen. Damit hat sich der Schmerz nicht verringert, aber nun kann sie der in die Krise geratenen Ehe wieder einen Wert zusprechen. Mit dieser Perspektive hält sie den Seitensprung ihres Mannes aus. Gleichzeitig lernt sie in dieser Zeit auch ihr großes kämpferisches Potenzial kennen. Wenn er schon fremdgeht, dann soll er wenigstens sehen, welche Verletzung er ihr zufügt! Anna mutet ihrem Mann den Anblick ihrer Tränen ebenso zu, wie die blinde Wut, die immer dann aus ihr herausbricht, wenn sich die Wohnungstür hinter ihm schließt, er zu der anderen geht. Im Gegensatz zu Krisenzeiten früherer Jahre hat sie auch keine Scheu, im Freundeskreis über ihre familiäre Situation zu sprechen, stößt oft auf

Unverständnis und hat trotzdem das Gefühl, es tun zu müssen. Sie spürt eine neu erwachte Offenheit und den Mut, heikle Dinge beim Namen zu nennen, nicht zu beschönigen oder zu vertuschen.

Annas Ehe wird nicht geschieden. Ihr Mann löst sich aus der Beziehung zu der jüngeren Frau. Nüchtern und illusionslos beginnen beide den schwierigen Weg des Neuanfangs. Dabei geht es in erster Linie um das Abschiednehmen von Sehnsüchten und Erwartungen, die der Partner nicht erfüllen kann. Der Blick auf die Grenzen schärft den Blick für das Mögliche.

Es muss doch noch etwas anderes geben!

Maria, 44 Jahre, hat es satt, jeden Tag im Büro dieselben langweiligen Gesichter der Kollegen zu sehen, will sich von den eingeschliffenen Zwängen des täglichen Einerleis befreien. In ihr brennt ein großes Verlangen nach dem ganz anderen Leben, der totalen Veränderung. Überdruss am Bisherigen und Sehnsucht nach Wechsel treiben sie um. An manchen Tagen ist sie nahe daran, ihren sicheren Job zu kündigen, dann wieder kriecht sie kleinlaut zurück, weil noch nicht konkret wird, was sie eigentlich will.

Während der Wechseljahre werden Frauen wie Maria umgetrieben von einer Kraft, welche die ungewisse Ahnung eines gravierenden Wechsels oder Einschnitts weckt. Sie bemächtigt sich der Phantasie, baut Luftschlösser, bläht sich auf mit Wünschen und Sehnsüchten, die plötzlich alle in greifbarer Nähe scheinen. Häufig kreisen solche Gedanken um kreative Tätigkeiten. Dann kann es geschehen, dass eine Frau meint, sie müsse unbedingt zur Bühne gehen. Sie sei die geborene Schauspielerin. Vielleicht hat sie ein heimliches Vorbild, dem sie gerne nachfolgen möchte. Ihr Wunsch, eine andere Rolle im Leben spielen zu können, besetzt ihre Gedanken und Phantasien, so dass für nichts anderes mehr Platz ist. Es ist nicht immer einfach, dieser Kraft standzuhalten, denn sie kann zu unüberlegten Entscheidungen führen. Hinterher machen diese Frauen sich Vorwürfe, weil sie zum Opfer dieser aufrührerischen Energie wurden. Auch Maria träumt vom ganz anderen Leben. Sie will als selbständige Existenzgründerin arbeiten, aus ihrem sicheren Beruf aussteigen, ist dabei, ihre Ehe aufzukündigen und fängt schon an, die Koffer zu packen, als ihr Mann die Bürgschaft für ein Darlehen nicht übernehmen will.

Zunächst begegneten Marias Mann und die fast erwachsenen Kinder ihren Ideen mit Wohlwollen, Witz und Ironie. Doch zunehmend wird sie belächelt in ihrer Wechselhaftigkeit. *Du bist ja schlimmer als in der Pubertät,* kritisiert sie der Sohn. Sie fühlt sich entwertet, reagiert in ungewohnt aggressiver Weise und wird zum schwierigen Familienmitglied. Ihr Mann wirft ihr vor, sie dränge sich in den Vordergrund mit ihren Veränderungslitaneien. Sie, die doch stets kompromissbereit und eine geduldige Zuhörerin war. Er kennt seine Frau nicht mehr, die forsch und wortgewaltig argumentiert.

Maria nimmt eine Auszeit von Beruf und Familie. Für zwei Monate zieht sie sich in die Einsamkeit eines kleinen Ortes am Meer zurück. Dort fängt sie an zu schreiben. Die Kraft, die sie monatelang in diffusen Affekten bedrängt hatte, entlädt sich in wahren Schreibanfällen. Seite um Seite füllt sich. Ihre Gefühle, Gedanken und Ideen ordnen sich dabei. Schreibend ist sie ganz bei sich, beglückt von der schöpferischen Kraft, die endlich ihr Medium gefunden hat. Diese Erfahrung verändert Maria. Eine große Ruhe und Gelöstheit stellt sich ein durch die Zwiesprache mit sich selbst. An manchen Tagen hat sie den Eindruck, zu begreifen, was sie in ihrem Leben eigentlich soll. So erlebt sie Stunden, in denen sich eine neue vorher nie erlebte Übereinstimmung mit sich einstellt, die sie glücklich macht. Zunehmend gewinnt sie die Gewissheit, dass sich ihr Leben neu gründet. Im übertragenen Sinn zählt sie sich dann zu den Existenzgründerinnen, auch wenn sie weiterhin in ihrem bisherigen Beruf tätig ist. Die große Veränderung, nach der sie sich gesehnt hat, ist in ihrem

Inneren passiert und schlägt sich auch im Alltag nieder, denn die neu entdeckte Quelle ihrer Schreibbegabung verändert ihr Lebensgefühl. Längst ist der Überdruss vertrieben, unter dem sie vorher so sehr gelitten hatte. Zu Hause hat sie keine Mühe, ihre neue Fähigkeit zu integrieren.

Wohin die Krisenzeit der Wechseljahre eine Partnerbeziehung führen wird, das lässt sich nicht voraussehen. Im Gespräch mit Ehepaaren, deren Beziehung die Belastungen der Wechseljahre überdauert hat, wird deutlich, dass die Wachstumsprozesse der Frauen in den Wechseljahren von den Ehemännern ein größeres Maß an Toleranz und Freizügigkeit verlangen. Die autonomer werdende Frau, die dabei ist, in einem größeren Rahmen zu wirken, kann auch zum Vorbild ihres Mannes werden. Wer als Ehepartner nicht festgelegt ist auf Rollen und Muster, nimmt neue Facetten seines Gegenüber wahr und gewinnt dadurch neue Sichtweisen sich selbst gegenüber. Aber es gibt kein Rezept, und jedes Paar muss seinen ganz individuellen Weg durch diese Jahre finden.

Spieglein, Spieglein an der Wand!

Im Grimmschen Märchen schaut die böse Stiefmutter in den Spiegel, will darin bestätigt werden, dass sie die Schönste im ganzen Land ist. Ihr weibliches Bedürfnis nach Anerkennung ihres Äußeren gibt sich mit dem Prädikat schön nicht zufrieden, braucht den Superlativ als Steigerungsform. Erst dadurch beruhigt sich die Angst der älter werdenden Königin vor der Konkurrenz der jungen Schönheit Schneewittchens. Das Märchen nennt keine Altersangaben, deshalb kann ihr die Phantasie einen Platz im Reich der Wechseljahre zuweisen. Sie wird auf diese Weise zum Bild der um ihre vergehende Schönheit bangenden Frau, die den natürlichen Reifungsschritt, ihr Lebensalter zu bejahen, nicht schafft und deshalb am Ende in glühenden Schuhen sich zu Tode tanzen muss. Sie geht an der zerstörenden Macht des Feuers zugrunde.

Mona, 49 Jahre alt, erlebt eine krisenhafte Zeit, in der sie sich manchmal vorkommt wie die von ihr nicht geliebte Stiefmutter-Königin. Die 14-jährige Tochter ihres Mannes aus erster Ehe lebt seit einigen Wochen in der gemeinsamen Wohnung. Nie hätte Mona gedacht, dass das Zusammenleben so schwer sein würde. Sie hatte sich eigentlich darauf gefreut, mütterliche Bezugsperson zu werden für die Tochter ihres Mannes. Da sie keine eigenen Kinder hat, schien das eine wunderbare Gelegenheit, etwas auszugleichen, was ihr die Natur verwehrt hatte. Und nun sitzt das Mädchen mit ihr am Tisch und sie spürt, wie Gefühle der Eifersucht in ihr aufsteigen, wie vor allem aber ein Gefühl des Neides sich zeigt. Sie ist entsetzt und beschämt über ihre Reaktionsweise, geht streng mit sich ins Gericht, verurteilt sich, wenn sie in der Phantasie das Mädchen wieder zu seiner leiblichen Mutter zurückschicken will.

Mona schaut ins Gesicht des Mädchens wie in einen Spiegel. Sie sieht den Unterschied zu ihren älter werdenden Gesichtszügen und denkt, wenn ich doch noch einmal so jung sein könnte, so glatt im Gesicht. Feindseligkeit verändert das Klima des Zusammenwohnens. Immer wieder ertappt sich Mona dabei, wie sie lange vor dem Spiegel steht, jeder Linie ihres Gesichtes folgt. Sie mag sich nicht mehr, seit dicke Tränensäcke sich unter ihren Augen gebildet haben. *Spieglein an der Wand, ich weiß, ich bin nicht mehr schön!*, klagt Mona.

Doch der Neid will noch nicht weichen und wirkt wie ein gewaltiger Energiefresser. Neidgefühle nagen an ihrem Selbstwertgefühl; nichts Gutes kann ihr neiderfüllter Blick an sich mehr finden, sie lässt kein gutes Haar an sich. Und sie merkt, wie sehr sie dabei der bösen Königin im Märchen von Schneewittchen ähnelt. Der Blick in den Spiegel des Märchens hilft ihr, sich zu erkennen. Über ihren Mann, dem sie ihre seelische Not mitteilen kann, findet sie schließlich wieder die Liebe zu sich selbst und kann die Brille des Neids und der Eifersucht ablegen.

Frau Königin, ihr seid die Schönste! – sagt mein Spiegel, das verlässlich an der Wand hängende Gegenüber an den Tagen, an denen ich mit meinem Aussehen zufrieden bin. Die Haut schimmert frisch und belebt, aus den Augen blitzt die Lebensfreude, der Schnitt der Haare ist gut. Alles paletti! Wenn die Frau mit sich zufrieden ist, bleibt dem Spiegel gar nichts anderes übrig, als diese Botschaft zurückzumelden. Aber dann, wenn es im Inneren zu rumoren anfängt, die Seele mich auf die Reise schickt, die innere Uhr kein Beharren duldet, die Wechseljahre beginnen, verändern sich Stimmungen und trüben den Blick. Das Glas des Spiegels beschlägt, das Guten-Morgen-Gesicht schneidet Fratzen. Manchmal finde ich das gute, vertraute Spiegelbild erst nach Stunden, vielleicht drängt es mich zum Frisör, weil da so eine Sehnsucht nach dem Anders-sein-Wollen sich meldet. Ich blättere mich durch die entsprechenden Frauenzeitschriften, suche mir aus, wie ich sein will. Für kurze Zeit verjünge ich mich dabei, denn ich finde sie nicht, die attraktiven älteren Models. Fehlanzeige? Nur in den Modezeitungen, denn in der Realität begegnen sie mir auf Schritt und Tritt, machen mir Mut, meinen eigenen Stil in Kleidung und Aussehen, auch älter werdend, zu vertreten.

Wenn durch die hormonelle Umstellung sich Schlafstörungen einstellen, leidet das Aussehen am nächsten Morgen darunter. Jetzt kommt es darauf an, ob ich liebevoll mit mir umgehe oder meinem Spiegelbild ein vernichtendes Urteil entgegenschleudere. An Tagen, an denen die bisherigen Schminkkünste sich nicht mehr als ausreichend erweisen, blickt mir ein finsteres weibliches Wesen entgegen, das entschlossen ist zum Äußersten, sich beim Schönheitschirurgen anmelden will, um sich die müde Haut jung hobeln zu lassen. Solche mörderischen Gedanken verschwinden zum Glück wieder, denn in einer hinteren Ecke meldet sich eine resolute Stimme, die darauf besteht, dies sei alles ganz natürlich und normal und kein Grund zur Aufregung.

Spieglein, Spieglein an der Wand! Unerbittlich spähen prüfende Augen in jeden Winkel meines Gesichtes, warten voll böser Ahnungen auf den Tag, an dem das erste längere Haar am Kinn oder an der Oberlippe sich ins Freie wagt. Aus dem Lexikon medizinischer Begriffe höre ich das verheerende Wort *Damenbart*. Kaum habe ich mich an die feurigen Körperbotschaften gewöhnt, erscheint das nächste Symptom aus dem Arsenal der klimakterischen Übel. Haare im Gesicht, wie schrecklich! *Spieglein, Spieglein an der Wand, wer ist die Dame mit dem Bart?*

Die hormonelle Veränderung der Wechseljahre zeigt ihre Auswirkungen u. a. in vermehrter Behaarung im Gesicht, bei manchen Frauen auch auf den Beinen. Im Gegensatz dazu können sich die Kopfhaare verringern, ähnlich wie in der Schwangerschaft wird das Haar dünn. Und da alles, was sichtbar anders wird, zunächst befremdet, kommt der Blick in den Spiegel gar nicht darum herum zu akzeptieren, was die Natur wachsen oder ausfallen lässt. Ganz sinnfällig führt sie mir vor Augen, wie vermehrt männliche Kräfte zum Vorschein kommen. Warum soll das nicht sichtbar werden dürfen? Es gibt sehr mutige Frauen, die sich nicht um die Reaktionen ihrer Umwelt kümmern und ihre Haare im Gesicht sprießen lassen. Keine Angst vor dieser neuen Erscheinung, betonen sie und drücken damit ein neu gewachsenes Selbstbewusstsein aus, das es ihnen erlaubt, sich so unabhängig und frei von Schönheitsnormen zu verhalten.

Das Ideal der gewandelten und weisen Frau schwebt den meisten Frauen in den Wechseljahren als Leitbild vor. Die Neugier auf die Erweiterung ihres Bewusstseins treibt viele voran. Aber muss das gleich so sichtbar werden? fragt die Königin ihr Spiegelbild und greift entschlossen zur Pinzette, zupft die Zeichen der Veränderung einzeln aus und stöhnt nach ein paar Tagen erschrocken auf, weil diese Prozedur zu den neuen Ritualen gehört, welche ins Programm der Schönheitspflege integriert werden müssen.

Wenn es um das Aussehen geht, wird manche Frau ihrem Vorsatz, durch die Wechseljahre ohne Hormontabletten zu kommen, untreu. Versprechungen der Pharma-Industrie oder die Ausführungen des behandelnden Arztes oder der Ärztin klingen einleuchtend und verführerisch. Warum sich mit der trockener werdenden Haut, die durch die Verringerung des Östrogens entsteht, abfinden, wenn durch ein kleines Tablettchen dafür gesorgt wird, dass sich wieder mehr Wasser unter der Haut ansammelt und sie glatter erscheint? Für manche älter werdenden Frauen wird das Kompliment: *Sie sehen aber jung aus!* zu einer Labsal ihres angeschlagenen Selbstwertgefühls. Ein großer Teil ihrer Lebensenergie verbraucht sich in dem Bemühen, natürliche Alterserscheinungen ihres Körpers zu bekämpfen. Das permanente Make-up schützt vor allen Eventualitäten des Lebens. Längst sind die Haarwurzeln am Kinn entfernt, ein bisschen Collagen unters müde Auge gespritzt, schon sieht die Frau in den Wechseljahren garantiert zehn Jahre jünger aus. Solche Maßnahmen können zum Wohlbefinden beitragen. Jede Frau hat die Möglichkeit, sich für kosmetische Eingriffe zu entscheiden, um sich besser in ihrer Haut zu fühlen, denn die große Freiheit unserer Zeit gibt ihr die Chance, ihrem je eigenen Schönheitsideal nachzueifern, um ihre Individualität zu unterstreichen.

Spieglein, Spieglein an der Wand! Der Dialog mit dem Spiegel wird wichtiger als in den Jahren zuvor. Das Auszupfen der Haare mit der Pinzette bietet eine gute Gelegenheit, sich gründlich wahrzunehmen, sein Gesicht in verschiedenen Ausdrucksformen lieb zu gewinnen. Schließlich sieht niemand aus wie ich, bin ich einzigartig und unverwechselbar. So kann der Blick in den Spiegel auch zur Stabilisierung meines Selbstwertgefühls beitragen. Und dieses wird mit zunehmendem Älterwerden immer wichtiger, denn es ist der beste Schutz vor quälenden Ängsten.

Birgit, die in den Wechseljahren zur Freude ihres Mannes mollig und rund wurde, hat monatelang gelitten, wenn sie im Spiegel auf ihr dicker werdendes Gesicht mit dem Doppelkinn blicken musste. Sie bekämpfte sich, ließ sich gehen, bis ihr bewusst wurde, wie sie sich weh tat, sich ständig verletzte und alle Lebensfreude zerstörte. Von einem Tag auf den anderen trainierte sie ihre vernichtenden Gedanken um, fing an, sich im Spiegel zuzulachen, schaute sich manchmal tief in die Augen und versöhnte sich mit ihrem neuen Aussehen.

In allen Altersstufen gibt es schöne Menschen, denn Schönheit ist nicht an die Jugend gebunden. Allerdings werden wir durch die Werbung ständig mit jungen, faltenlosen Gesichtern konfrontiert. Das beeinflusst die Einstellung dem Älterwerden gegenüber. Teresa, die Sechzigjährige, meint, sie würde eigentlich gar nicht mehr von Menschen angeschaut, seit sie älter ist. Sie erlebt das als eine große Kränkung. Was nützen da alle Worte von der Schönheit des älter werdenden Gesichtes?

Schönheit geht in erster Linie von einer inneren Haltung aus. Sie ist unabhängig vom Lebensalter. Allerdings benötigt sie zu ihrer Entfaltung einen Menschen, der geistig und körperlich beweglich ist, über ein gesundes Selbstbewusstsein verfügt, mit seiner Lebenserfahrung nicht hinter dem Berg hält, gelassen und neugierig ins Morgen schaut und begeisterungsfähig und anregend bleibt. Solche Eigenschaften lassen einen Menschen schön erscheinen; sie brauchen Zeit zum Wachsen. Der Beginn dieser Wachstumsphase ist spätestens in den Wechseljahren.

Schlagartig wurde mir das Älterwerden bewusst, als einer meiner Enkel mit großem Interesse meine Hände betrachtete und ausrief: *Oma, du hast ja*

Altersflecken! Eifrig begann er sie zu zählen. Zunächst waren wir beide still, weil das Alter auf einmal zwischen uns stand. Als wir dann im Gespräch feststellten, solche Erscheinungen seien genetisch bedingt, waren wir plötzlich im Generationenverbund, wo die Großmutter in den Wechseljahren den Platz der älteren Generation einnimmt. Hier wurde das Enkelkind zum echogebenden Spiegel, in den ich hineinschaue, mich erkenne als ständig mich verändernde Frau, in der dasselbe Entwicklungsgesetz wirkt wie beim heranwachsenden Kind.

Es geht weiter, sagt der Spiegel, geh weiter auf der Stufenleiter deiner Wechseljahre.

Auf der Stufenleiter – an der Schwelle

Als ich ein Kind war, übten Treppen eine große Faszination auf mich aus. Der kindliche Bewegungsdrang wollte sich erproben, die Beine das Höhersteigen über die Stufen spüren. Am Ende der Treppe schaute ich stolz zurück. Ich hatte es geschafft, aus eigener Kraft viele Stockwerke hochzusteigen, fühlte mich gewachsen und zögerte die Rückkehr hinaus. Am Ende rutschte ich auf dem Hinterteil die vielen Treppenstufen hinunter, genoss das schnelle Hoppeln als körperlichen Reiz.

An dieses Spiel aus der Kindheit werde ich erinnert, wenn der Entwicklungsweg der Wechseljahre mit einem inneren Höhersteigen verglichen wird. Die unterschiedlichen Lebenszyklen werden zu Stufen, die auf der Treppe oder Leiter höher führen und auf ein Ende, den Tod zielen. Wenn ich in Gedanken auf meiner Lebensleiter innehalte, schaue ich zurück. Es fehlen Sprossen, denn nicht immer ging mein Lebensweg geradlinig. Ob ich zufrieden oder stolz bin über das Erreichte? Ich schaue in die andere Richtung, will sehen, was kommt. Wann werde ich die letzte Sprosse erreicht haben? Vielleicht stehe ich dann auf der Himmelsleiter.

Im Begriff Klimakterium, der aus dem Griechischen bzw. Lateinischen kommt, steckt das Bild der Stufenleiter. Häufig wird dieses Wort als Synonym für das deutsche „Wechseljahre" benutzt, welches das Wechselhafte als charakteristisch für diese Zeit ansieht. In der Übersetzung (Etymologisches Wörterbuch) wird Klimakterium umschrieben als gefahrvoller Abschnitt im menschlichen Leben, der nach antiker Auffassung in jedem 7. Jahr, dem Stufen-, Wechseljahr eintritt. Diese Definition erweitert den Vorgang auf allgemein menschliche Entwicklungszeiten. Das Wissen um die Siebenjahreszyklen hat sich bis heute erhalten. Stets ist es eine spannende Sache, seinen bisherigen Lebensverlauf in diesem Rhythmus zu untergliedern. Dann zeigen sich häufig interessante Knotenpunkte und Kreuzwege.

Auf der Stufenleiter meines Lebens mich vorwärtsbewegend, freue ich mich über die im Klimakterium enthaltene Bedeutung des lat. Climax. Dieser Begriff ist mir nicht unbekannt, denn auch der Höhepunkt des Orgasmus wird so bezeichnet. Es tut mir gut in der Auseinandersetzung der Wechseljahre, auf einen Begriff zu stoßen, der auch im Bereich der Lusterfahrung gebraucht wird und eindeutig positiv besetzt ist. Auch die folgende Erweiterung möchte ich auf meine Erfahrungen übertragen: Klimax wird übersetzt mit rhetorischer Steigerung. Es geht um die Gabe des Sprechens, die bei vielen Frauen in den Wechseljahren aus Ängsten und Unsicherheiten sich löst und freier wird. Auf einmal fangen sie an, in der Öffentlichkeit ihre Stimme zu erheben, vertreten eigene Standpunkte, äußern Ideen und Gedanken. Die sich wandelnde Frau, aus den Fesseln der körperlichen Fruchtbarkeit befreit, zieht in ihr neu sich gestaltendes Oberstübchen ein, stößt die Dachluke auf und schaut in die Weite. Von dort oben sieht alles anders aus! Das ist auch kein Wunder, denn die vielfältig ablaufenden Wandlungsprozesse machen vor dem geistigen Standort nicht Halt. Nicht länger absorbiert von der Sorge um Familie und Kinder, entstehen neue Sichtweisen. Der größer werdende Lebensrahmen verlangt nach einem Blick, der übers persönliche Leben hinaus geht. Soziale und gesellschaftliche Probleme wollen neu gesehen werden. Weibliches Denken, das keine Scheu hat, auch mal quer zu denken, bringt die Fülle an Erfahrungen aus dem bisherigen Leben ans Licht.

Ein neuer Raum darf bewohnt werden. In ihm sind die Gedanken frei, fliegen ungehemmt, solange der Frau niemand aufs Dach steigt. Entschlossen, beherzt und unerschrocken hütet sie ihre Erkenntnisse und Einsichten, verliert die Scheu vor unüblichen Gedanken, lässt sich von den Normen *So kann man das aber nicht sagen!* nicht beeinträchtigen, heizt Diskussionsrunden an, lässt die Flamme der Begeisterung in ihren Worten auflodern. Die Wehmut über das bereits gelebte Leben schwindet spätestens dann, wenn der Blick von der Stufenleiter ins Weite schweift. Einblick, Durchblick und Erkenntnis werden zu beglückenden Stimulanzien der Frau, die gelernt hat, ihre geistige Fruchtbarkeit zu leben.

Reifungswege im Rhythmus der individuellen Entwicklung verlaufen leichter, wenn innere Bilder sie begleiten, weil dann Phantasien und Vorstellungen entstehen, die Energie mitbringen und dafür sorgen, dass ich am Ball bleiben kann, nicht müde werde oder nach einer Zeit der Erschlaffung mich erneut auf die Beine mache.

So tauchte das Bild der Schwelle während meiner Wechseljahre auf, als mir bewusst wurde, wie ich von einem Bereich in einen anderen übertrete. Dabei markiert die Schwelle einen Grenzpunkt, den es zu überschreiten gilt. Der bisher gewohnte Spielraum meines Lebens ist in seinen Möglichkeiten ausgereizt. Würde ich mich dort länger aufhalten, wäre ich von Stillstand oder Stagnation bedroht. Aber der Gang über die Schwelle hat es in sich! Glücken kann er eigentlich nur dann, wenn ich alle rückwärts ziehenden Kräfte überwinde, mir vertrauensvoll und neugierig von den vorwärts drängenden Entwicklungskräften einen tüchtigen Schubs geben lasse, so dass die Schwelle hinter mir liegt. In solchen Zeiten steigt mein Angstpegel; schließlich verlasse ich, was mich bisher schützte und befinde mich in einem noch offenen neuen Raum. Zuvor hatte ich den Überdruss und die Sehnsucht nach neuen Ufern gespürt. In dieser Schwellensituation ist nicht immer genau auszumachen, wann ich drüben bin. Anfangs lassen die alten Geister noch grüßen, aber mit jedem Schritt, der mich von der Schwelle wegführt, wächst mein Selbstvertrauen, weil der neue Raum mich aufnimmt.

Wer an der Schwelle steht, kommt ums Abschiednehmen nicht herum. Immer wieder steht es während der Wechseljahre auf dem Programm. Wovon muss ich mich denn noch lösen, klagt eine wütende und traurige Stimme.

Marga ist dabei, sich von einem alten eingeschliffenen Verhaltensmuster, das sie seit der Kindheit bestimmt, zu verabschieden. Sie ist einfach zu nett zu ihren Kollegen, bestrebt, allen entgegenzukommen. *Everybody's darling* wird sie im Betrieb genannt. In ihr wirkt die Devise ihrer Mutter, es den anderen Menschen nett zu machen. Auf diese Weise vergisst sie sich, verleugnet ständig ihre Bedürfnisse. Mit kleinen Aufmerksamkeiten verschönt sie den Alltag ihrer Kollegen, hält sie bei guter Stimmung. Sie erträgt es nur schwer, wenn *dicke* Luft im Raum ist. Schnell fällt ihr ein Witz ein, der alle wieder zum Lachen bringen soll. Gleichzeitig fühlt sie sich abends oft leer, ausgelaugt und erschöpft. Die Einsicht, wie sie sich das Wohlwollen ihrer Mitmenschen regelrecht verdient, schmerzt. Das ist eine Rechnung, die ihr in den Wechseljahren präsentiert wird, und die muss sie endlich begleichen. Es ist an der Zeit, aus den Fußspuren ihrer Mutter zu treten. Die mütterliche Norm „Nur wenn du gibst, wirst du wahrgenommen" hat ausgedient. Marga erlebt, wie ihre bisherige Denkstruktur zusammenkracht. Alte Werte, Vorschriften und Zuschreibungen aus der Kindheit liegen auf dem Haufen. In der Phantasie zündet sie diesen Scheiterhaufen an und verbrennt die Normen ihrer Mutter. Hell lodern die Flammen auf, in deren Licht sie erkennt, wie sie zur Analphabetin sich selbst gegenüber wurde. Sie scheint blind gewesen zu sein für ihre Bedürfnisse, hat Mühe, die Botschaften ihres Inneren zu lesen. Aber sie will die Schwelle übertreten. „Wenn ich das jetzt in den Wechseljahren nicht in Angriff nehme, wann dann?"

Marga lernt, auf die Zuwendung der anderen zu warten. Es fällt ihr schwer. Aber die Kollegen nehmen ihr verändertes Verhalten wahr. Sie ist ihnen offensichtlich nicht egal. Das macht ihr Mut, sich zunehmend mehr zu erforschen in dem, was sie möchte. Sie fängt an, Tagebuch zu schreiben, denn sie möchte sich besser kennen lernen. Als sie in der Pubertät war, ihre Freundinnen Tagebücher anlegten, hatte sie es nicht gewagt, aus Angst ihre Mütter würde dahinter kommen. Aber jetzt ist die Zeit gekommen!

Termin beim Frauenarzt

„Kennst du eine gute Frauenärztin?" – „Kannst du mir deinen Frauenarzt empfehlen?" Zwei Frauen sind im Gespräch miteinander, sparen die Bereiche der Intimität nicht aus. Die Frage nach einem guten Frauenarzt wird wichtig, denn jetzt, wo beide Frauen sich den Wechseljahren annähern, will sich jede in guten Händen wissen. Der Frauenarzt oder die Frauenärztin, nimmt eine besondere Stellung bei Frauen ein, denn sie sind die Personen, die sich ausschließlich um die medizinischen Belange von Frauen kümmern, Spezialisten im Hinblick auf die Belange des weiblichen Körpers. Sie dürfen Frauen in den intimsten Bereichen ihres Körpers berühren. Keiner schaut so tief in mich hinein wie dieser Arzt! Seine untersuchenden Hände sollen zart und gleichzeitig von großer Sachlichkeit bestimmt sein. Nichts ist peinlicher als ein distanzloser Frauenarzt, eine distanzlose Frauenärztin. Aber es gibt auch die Frauen, die in ihrem Arzt den besonderen Mann sehen, dessen Komplimente über ihr vermeintlich gutes Aussehen sie begierig hören, so dass der Besuch einem Rendezvous gleicht, für das sie sich schmücken.

Wenn der behandelnde Frauenarzt darüber hinaus derjenige ist, der eine Frau auch während der Schwangerschaft begleitete, erhält diese Beziehung eine zusätzliche Qualität. Neben der Hebamme wird er zur wichtigen Person, die eine Frau im Schmerz und in der Anstrengung der Geburt wahrnimmt, aber auch im glücklichen Moment der Entbindung eines Kindes. Wenn um manche Frauenärzte eine gewisse Aura weht, die von Patientinnen gewoben wird, dann hat das oft mit dem Erlebnis der Geburt zu tun. Dankbar bin ich dem Arzt, der während einer gefährlichen Phase meiner zweiten Schwangerschaft das Zutrauen behielt, nichts von einer drohenden Fehlgeburt wissen wollte, ich das Kind behalten konnte. Das Vertrauen in den nächsten Morgen hatte meinen Sohn dazu bewogen, *seine* Zeit im Schutz meines Bauches abzuwarten.

So werden der Frauenarzt, die Ärztin zu wichtigen Begleitern. Sie teilen die Freude über die Geburt ebenso wie die unangenehmen Ereignisse, Krankheiten oder Operationen. Zum Glück gibt es die Ärzte, die gelernt haben, über den weiblichen Körper so zu sprechen, wie es Frauen entspricht, der seelische Bereich mit eingeschlossen ist. Viele

Frauen wissen sich von ihrem Frauenarzt verstanden.

Im Hinblick auf die Wechseljahre ist er häufig die Person, die über das Bevorstehende informiert. Irgendwann fängt er damit an, gibt einen Ausblick auf das, was kommen wird. Aber noch geht es um die übliche Routine der Fragen nach dem Datum der letzen Periode, den Abständen, der Intensität, den Beschwerden und Unannehmlichkeiten. Wenn der Krebsabstrich negativ ist, die Brustuntersuchung o.k., dann verlässt jede Frau die Praxis mit dem guten Gefühl, es ist alles in Ordnung, ich bin gesund und o.k. Ein Gefühl der Erleichterung stellt sich ein, denn im Vorfeld des Arztbesuches tauchen oft Unsicherheiten und Ängste auf. Wer weiß, ob diesmal alles gesund ist? Ja, alles ist gut. Eine frohe Patientin verlässt forschen Schritts die Praxis. Dann bis zum nächsten Jahr!

Auch Frauenärzte gehen nach dem Mond

In den letzten Jahren hat sich viel verändert im Bereich der Frauenmedizin. Eine neue Generation von Ärzten brachte ein großes Maß an Natürlichkeit mit, von dem in erster Linie der offene Umgang miteinander profitiert. Wen kümmerte früher, wie Frauen den Zustand ihrer entblößten Genitalen erleben? Unsensibel für weibliche Gefühle fand das Beratungsgespräch oft zwischen den geöffneten Schenkeln statt, kommunizierte der Arzt nur in dieser Position mit der Frau. Zum Glück gab es die starken Impulse der Frauenbewegung, ihre Niederschläge zeigen sich in den veränderten Untersuchungsmodalitäten und in einer größeren Offenheit der mündigen Patientin gegenüber. Die bewusstseinsverändernden Prozesse der letzten Jahrzehnte zeigen Wirkung bei den Frauen, die in den Wartezimmern sitzen. Viel Selbstbewusstsein ist gewachsen und stellt sich in allen Altersgruppen offen zur Schau. Von dieser Frauenpower werden auch Ärzte ergriffen. Am deutlichsten werden diese Veränderungen auf den Geburtsstationen sichtbar, die nichts mehr gemeinsam haben mit den sterilen kalten Kreißsälen meiner Generation. Im Wartezimmer spüre ich ein wenig Neid auf die jungen schwangeren Frauen, nicht nur weil sie ihre Bäuche voll Stolz zeigen, sondern weil sie in einer Zeit gebären dürfen, die viel altes Wissen um die Vorgänge der Geburt neu zugänglich gemacht hat.

Sprachprobleme

Wenn ich in Büchern blättere, nach Informationen über die Wechseljahre suche oder in Illustrierten auf die medizinische Ratgeberecke stoße, gefallen mir häufig die Worte nicht, die benutzt werden. Offensichtlich ist es gar nicht so einfach, in einer differenzierten und sensiblen Weise über den weiblichen Körper zu schreiben. So verwundert es mich nicht, dass aus diesem Grund meist die nackte Begriffssprache der Medizin benutzt wird, wenn es um die Veränderungen des weiblichen Körpers im Klimakterium geht. Manche Worte empfinde ich als lieblos, sie tun mir weh. Schlimm finde ich, dass diese Begriffe dann einfach so weiter tradiert werden. Wahrscheinlich müssen wir Frauen aber auch noch in viel stärkerem Maße als bisher darauf hinweisen, dass unsere Veränderungsprozesse eine adäquate Sprache verlangen. Gleichzeitig müssen wir aber auch unseren Teil an Verantwortung in diesem sprachschöpferischen Prozess wahrnehmen, die eigenen Ausdrucksweisen für die Sprache unseres Körpers anderen mitteilen. Die oft zitierte Behauptung (Brockhaus), die weiblichen Geschlechtsorgane würden durch die verringerte Östrogenproduktion „schrumpfen", verletzt mich und erregt meinen Widerspruch. Gibt es eigentlich entsprechende Aussagen über die Veränderungen der männlichen Geschlechtsorgane? Wieso kommt kein Mediziner auf die Idee, die älter werdenden Geschlechtsorgane seiner Kollegen unter die Lupe zu nehmen? Da zeigen sich doch auch Hautveränderungen des natürlichen Alterungsprozesses! Von den schrumpelnden, runzligen, kleiner werdenden Geschlechtsorganen ist es dann nicht weit bis zum nächsten Ärgernis, dem „Witwenbuckel" (Osteoporose). Aus Gründen der Gleichberechtigung suche ich nach dem Witwerbuckel, finde ihn aber nicht, auch wenn noch so viele bucklige alte Männer auf der Straße laufen. Die zunehmende Zahl der älter werdenden Menschen ist dazu aufgerufen, über die Vorgänge ihres Erlebens im Alterungsprozess eine Sprache zu finden, die nichts Herabsetzendes an sich hat. Älterwerden ist doch keine Schande!

Im Hinblick auf den Östrogenmangel und seine Auswirkungen auf die Haut, wird meist das Wort „schlaff" gebraucht. Auch diese Eigenschaft ist negativ. Wer will denn schon ein Schlaffi sein? Warum schreibt niemand, die Haut wird empfindsamer, reagiert sensibler als früher? Im Grunde genommen werden beschämende Worte benutzt. Kraftlos, welk, abgeschlafft wird die Frau im Klimakterium beschrieben. Aber das sind Worte, die einfach nicht zu der großen Dynamik dieser Entwicklungsphase passen. An solchen Mustern der Zuschreibungen haben Generationen von Männern und Frauen mitgestrickt. Sie beschreiben Veränderungen meines Körpers, in denen ich mich nicht wieder finde!

Die größte Mühe habe ich, wenn immer wieder auf die im Klimakterium trocken werdende Scheide hingewiesen wird. Ausgerechnet dieser intime Bereich der Frau wird entblößt. Wie erlebt das eine Frau, die unter ihrer dünner und rissiger werdenden Schleimhaut leidet? In den Jahren zuvor war sie noch o.k., aber nun wird sie die geschrumpelte, trockene Frau, ein zur Sexualität untaugliches Wesen, ein Mängelwesen.

Leiden wirklich Millionen Frauen an einer trockenen Scheide? Zweifel habe ich, ob diese Behauptungen auch belegt sind und stimmen. Oder zeigt sich in diesem Phänomen vielleicht die Notwendigkeit, dass die Frau in den Wechseljahren die Art ihres sexuellen Umgangs mit ihrem Partner neu überdenken muss? Was brauche ich an vorbereitender Atmosphäre, um mich in diesem Bereich zu öffnen? Mit welcher inneren Gestimmtheit gehe ich eigentlich mit meinem Mann ins Bett? Lasse ich meinem Verlangen nach Vereinigung Raum und Zeit? Welche Worte, Gesten, Zärtlichkeiten entfalten mich? Solche Fragen nehmen auch den Mann in die möglichen Antworten mit hinein. Es sind bekanntlich zwei, die sich sexuell aufeinander zu bewegen, und es ist ein Trugschluss zu meinen, die sexuelle Bereitschaft eines Mannes sei eine Konstante von der Wiege bis zur Bahre. Auch sie verändert sich mit den Jahren. Ob es die Angst vor der Impotenz ist, die viele Männer hindert, das zuzugeben?

Am Wendepunkt zur älter werdenden Frau, sehe ich einen großen Acker vor mir. Es ist Herbst. Bin ich als Frau am Ende der Wechseljahre diesem Acker vergleichbar? Mit der kürzer werdenden Lebenszeit bin ich im Herbst meines Lebens angekommen. Als Kind hatte ich mich auf jeden Geburtstag gefreut, denn ich wollte unbedingt älter werden. Von dieser ursprünglichen Freude möchte ich mich begleiten lassen, den neuen Abschnitt mit guten Gedanken und Phantasien ausschmücken. Das Alter möchte ich mir anziehen wie ein neues Kleid, in dem ich mich geborgen fühle, weil es mir passt, weil es schön ist. Neugierig bin ich auf die Blicke, die mir als älter werdender Frau begegnen. Im Herbst meines Lebens werden mir Worte ganz wichtig, suche ich nach einer Grammatik, die mir hilft, Sympathie, Zuwendung, Liebe auszudrücken. Ob ich sie finde, diese Grammatik des Herzens? Zuvor muss ich aber alte, verbrauchte Worte wegwerfen, weil sie nur noch Hülsen ohne Inhalt sind. Ins Wörterbuch des Älterwerdens schreibe ich alle die Worte, die mir aufhebenswert erscheinen, weil in ihnen etwas wohnt von Wertschätzung und Liebe. Auf dem weiblichen Acker des Klimakteriums wachsen Blumen ohne Zahl, und sie verweisen darauf, die Zeit der Blüte ist für die älter werdende Frau nicht beendet. Dieses Wachstum kennt keine zeitlichen Grenzen.

Lernfeld Wechseljahre: Die Fakten

Die Wechseljahre stellen einen Zeitabschnitt dar, in dem ich sehr viel gelernt habe. Vorher klappte meist alles wie am Schnürchen, aber erst die Störungen meines Wohlbefindens haben klar gemacht, dass ich in einen neuen Bereich des Lernens gehe, weil ich mehr wissen will über das differenzierte System meiner körperlichen und seelischen Vorgänge.

Jeder Arztbesuch beginnt mit einer Phase der Vorbereitung. In meinen Gedanken umkreise ich die Fragen und Themen, die ich besprechen will. Meine körperlichen Symptome, Gefühle, Gehörtes, Gelesenes verdichten sich. Wenn sich der Arzt Zeit nimmt, alle meine Anliegen Worte finden, gehe ich zufrieden nach Hause. Interessant ist dabei, wie ich stets selektiv aufnehme, selten alle vom Arzt gegebenen Informationen speichern kann. So erscheinen die Fakten des Klimakteriums immer wieder in unterschiedlicher Bedeutung, je nachdem, wie ich sie anordne und gewichte. Langsam begreife ich, wie sehr meine Einstellung, meine Meinung über die Vorgänge in meinem Körper diese beeinflusst. Es ist ja nicht von ungefähr, dass meine positive oder negative emotionale Verfassung sich auch in meinem Hormonspiegel niederschlägt.

1. Tatsache ist: Im Klimakterium verringert sich die Produktion von Östrogen drastisch. Wenn ich diesen natürlichen Vorgang unter dem Zeichen des Mangels sehe, dann meldet sich sofort der Wunsch, diesen Mangel zu beheben. Wer ist schon so dumm und übersieht, was ihm fehlt? Im Muster logischer Überlegungen sagt das analysierende Denken: Du hast einen Mangel, also gleiche ihn aus. Nimm dein Rezept und hole dir in der Apotheke, was dir fehlt, denn nichts ist schlimmer als um einen Mangel zu wissen und ihn nicht zu beseitigen. So wie der Zuckerkranke oder die an einer Schilddrüsenerkrankung Leidende die medikamentöse Substitution braucht, so auch die Frau in den Wechseljahren. Werde ich in dieser Denkweise aber nicht zu einer Kranken, die sich das weniger werdende Hormon von außen zuführt?

Das naturverbundene Weib in mir sagt, ich bin nicht krank. Was mir fehlt, ist Geduld, mich an die neuen Verhältnisse zu gewöhnen. Was ich brauche, ist Zeit und Vertrauen in den Werdeprozess, in dem ich mich befinde. Deshalb heißt es, runter mit dem Östrogenpflaster, weg mit diesem Fleck auf meiner Haut!

2. Tatsachen: Im Klimakterium verändert sich mein hormoneller Haushalt. Das bisher eingespielte Verhältnis der männlichen und weiblichen Hormone in mir hat sich anders gewichtet. Frau Östrogen, Herr Testosteron und alle die andren

hormonellen Kräfte kommen nicht darum herum, ihre Beziehungen zueinander zu verändern, weil meine Eierstöcke die Produktion einstellen, obwohl noch ein großer Vorrat an ungelegten Eiern vorhanden wäre. Meine Hypophyse im Gehirn verhält sich weiter wie bisher, schickt Botschaften in Form messbarer Werte an die Eierstöcke, die auf den ersten Blick unnötig sind. Staunend schaue ich in dieses geheimnisvoll anmutende Geschehen und denke, welch Wunderwerk der Natur in mir wirkt.

Diese Anordnung der Fakten sagt mir mehr zu als die erste. Auf einmal wird mir klar: ein Kräfteverhältnis ändert sich. Das Östrogen wird weniger, deshalb erhält das männliche Hormon mehr Raum. Wichtig ist, mir einzuprägen: kein Hormon wird zusätzlich oder neu in den Wechseljahren produziert. Es geht um eine neue Mischung. Die Rezeptur meines spezifischen Hormoncocktails wird weiterhin aus männlichen und weiblichen Zutaten gemixt, aber das Gewicht der Bestandteile ist neu. Ihr Eierstöcke, habt Dank, dass euer Wachstumsgesetz nicht endlos weiterwirkt, dem natürlichen Werde und Stirb unterworfen ist. Auf diese Weise werden die Karten meines Hormonhaushaltes neu gemischt, und eindeutig haben dieses Mal die männlichen Kräfte die besseren Karten. Sie haben ja lange genug darauf gewartet. Endlich dürfen die wenig gespielten Karten auf den

Tisch, darf die Frau in den Wechseljahren vermehrt mit ihren männlichen Energien im Gefäß ihres weiblichen Körpers reizen. An dieses neue Verhältnis muss sich mein Leib, meine Seele und mein Geist erst langsam gewöhnen.

3. Tatsachen: Wenn aller Augen nur auf die Eierstöcke starren, die sich allmählich ins Bindegewebe hineintransformieren, blickt kaum einer auf das sich bei vielen Frauen an Oberschenkeln und Po vermehrt bildende Fettgewebe. Das wird auf einmal kostbar, denn in ihm wird Östrogen produziert. Damit weicht die Vorstellung, ein Mängelwesen zu sein, schaue ich meinen Körper wieder etwas liebevoller an, streichle mir sanft über den Po, um so vielleicht zur Produktionssteigerung in den Östrogen-Werkstätten meines Fettgewebes beizutragen.

4. Tatsachen: Vor der Menopause reagierten mein Körper, meine Seele, mein Geist gemäß den spezifischen Gegebenheiten meines Hormonhaushaltes. Dieser bestimmte mein Wohlgefühl, mein Temperament, meine Stimmungslage, meine Besonderheiten, hatte Einfluss auf meine Arbeits- und Liebesweise. Diese Abläufe funktionieren in Regelkreisläufen, so dass die einzelnen Bestandteile rückwirken. Dabei kommt der emotionalen Disposition eine besondere Bedeutung zu. Diese ist zum Glück nicht festgeschrieben für alle Zeiten, kann sich wandeln. Wenn mir vor den Wech-

seljahren nicht bange ist, dann wirkt sich diese innere Haltung sehr positiv auf den Hormonspiegel aus. Die Produktion von Östrogen steigt unter dem Einfluss der Lebensbejahung.

Hormonelle Abläufe wirken auf mich geheimnisvoll. Manchmal habe ich mich während der Wechseljahre gefragt, warum niemand meine ganz persönlichen hormonellen Daten vor dieser Zeit aufgeschrieben hat. Dann könnte man mich ja nach diesem Bauplan wieder zusammenbauen bzw. bei Beschwerden würde der Blick aufs bisherige Programm Auskunft geben, was mir fehlt. Doch medizinisch ist es nicht machbar, die vor den Wechseljahren bestehenden natürlichen hormonellen Rhythmen durch Medikamente genauso wieder herzustellen. Es wird einfach nicht so, wie es einmal war! Das ist der beste Beweis dafür, dass Frauen im Umbruch des Klimakteriums tatsächlich neu werden. Und wer auf die Einnahme von Hormonen angewiesen ist, um nicht mehr tolerierbare gesundheitliche Beeinträchtigungen zu lindern, ist vom Vorwurf, den Wandlungsprozess zu hemmen, befreit. Nichts wird mehr so, wie es war! Wie diffizil die Dosierung von Hormonen ist, wissen alle die Frauen, denen durch die Einnahme hormoneller Medikamente nicht geholfen ist.

Es ist in der Tat ein gewaltiger Umwandlungsprozess. Ist es da ein Wunder, wenn viele Frauen unter Schwindelgefühlen und Herzrasen leiden?

Sie können nicht mehr Schritt halten mit dem Geschehen; in der Dunkelheit der Nacht kommt ihr Herz aus dem Rhythmus, es schlägt ihnen bis zum Hals. Die Angst hat sie im Würgegriff. Wer solche Panikattacken fürchten gelernt hat, ist froh um eine medikamentöse Linderung.

5. Tatsachen: Auch im Bereich der Wechseljahresbeschwerden schlägt sich die Auseinandersetzung zwischen Naturmedizin und Chemie nieder. Viele Frauen sind bestrebt, ihr Leben im Einklang mit der Natur zu führen und lehnen kategorisch die Einnahme künstlich produzierter Hormone ab. Dank dieser Denkweise entstand in den letzten Jahren ein reicher Fundus an Erfahrungen mit alternativen Behandlungsmöglichkeiten. Plötzlich wurden Nahrungsmittel unter dem Aspekt der Hormonlieferung interessant. Zwar gibt es das Wundermittel für das verloren gegangene Gleichgewicht in den Wechseljahren nicht, aber der Wunsch nach Alternativen hat z. B. die Ernährung mit Sojaprodukten neu bewertet. Japanische Frauen kennen keine Beschwerden während des Klimakteriums. Dies wird den lebenslänglich verwendeten Sojaprodukten in der japanischen Küche zugeschrieben.

Diese Entwicklung – aber auch die im Bereich der pharmazeutischen Forschung – ist noch nicht abgeschlossen und sorgt von Zeit zu Zeit dafür, dass in Zeitschriften Sensationsmeldungen erscheinen, die vorgeben, den Stein der Weisen endlich gefunden zu haben. Und die Frau in den Wechseljahren liest und prüft solche Meldungen, versucht vielleicht das neue Mittel, probiert aus, ob es zu ihr passt, ihr Körper nichts dagegen hat. Manchmal hat sie den Eindruck, sich durch solche Wundermittel auch selbst zu täuschen und vergibt sich diese Neigung. Für wenige Stunden oder Tage schien es möglich, die ewige Jugend zu erlangen. Ein schöner Traum! Wenn er ausgeträumt ist, hat sie sich mit den Nüchternheiten ihres Lebens wieder ausgesöhnt.

6. Fragen: Für mich stellte sich während einer schwierigen Phase der Wechseljahre die Frage nach einer Hormonersatztherapie, um meinen desolaten Gesundheitszustand wieder zu stabilisieren. Von den positiven Worten des Arztes angemacht, wollte ich mal sehen, wie sich das Pflaster auf meiner Haut anfühlt. Auf einmal hatte ich die Illusion, das Kreuz der Wechseljahre könne an mir vorbeigehen, Östrogen würde die Sonnenscheindauer meiner älter werdenden Tage verlängern.

Es gab keine Abmachungen zwischen mir und dem Chor der in mir lebenden Meinungsmacher. Sie verhielten sich auffallend ruhig während der Pflastertage. Im Kopf fand kein Meinungskrieg statt, auch kein Argumentationsfeldzug. Ich spürte das Pflaster auf meinem linken Oberschenkel, hatte Scheu, so bepflastert in die Sauna zu gehen.

Als dann noch einer meiner Enkel wissen wollte, ob die Oma sich wehgetan habe, kam ich doch etwas ins Wanken, denn das Pflaster fing an, etwas mit mir zu machen. Es war mir nicht mehr geheuer. Klar, auf die Hitzewallungen hätte ich schon gerne verzichtet, aber ich traute der künstlichen Hormonschicht auf meiner Haut nicht, befürchtete Blutungen. Ja, das war es, warum sich Widerstand regte. Jetzt, wo meine letzte Blutung so lange zurücklag, wäre es mir wie ein Rückschritt vorgekommen, irgendwann künstlich angeregt, wieder zu bluten. Irgendwie hatte ich ein schlechtes Gewissen meinem Körper gegenüber. Wie wenn ich ihn an der Nase herumführen würde, ihn täusche, nicht ehrlich bin. Und ich hatte Angst vor einem größeren Durcheinander im hormonellen Regelkreis. Auf einmal schien mir das Pflaster unangemessen. Ich war nicht krank, an manchen Tagen in schlechter Verfassung, doch die Beschwerden standen in keinem Verhältnis zu dem, was ich anzurichten befürchtete: An der inneren Uhr mutwillig drehen, die Zeiger zurückstellen. Wer hat an der Uhr gedreht?, brummt mein Körper unwillig. Langsam war ich doch in der inneren Klemme und wollte den pflasterlosen Zustand wieder. Die Entscheidung kam plötzlich; runter mit dem Pflaster, sagte die in den Wechseljahren zunehmend mündiger werdende Patientin. Ich will es nicht, ich brauche es nicht, ich kann mit den mich belastenden Beschwerden leben!

Das bedeutet aber nicht, dass ich grundsätzlich gegen die Hormon-Ersatztherapie bin. Wer weiß, wie es mir in späteren Jahren gehen wird? Wichtig ist doch, sich nicht auf eine bestimmte Richtung zu versteifen. Wenn sich in den Wechseljahren ein neues weibliches Selbstbewusstsein bildet, so entsteht es u.a. aus der Freiheit heraus, auch Fehler machen zu dürfen. Was hab ich nicht alles verbockt und wieviel habe ich daraus gelernt in den letzten Jahren! Alle Erkenntnis im Umgang mit meinem Körper ist gewachsen aus der Erfahrung, diese Seite ernst zu nehmen. Mal sehen, wie mein Körper reagiert, ist die Antwort, die ich gebe, wenn sich im Kopf in manchen Problemlagen keine Antwort findet.

Die Freiheit und Vielfalt medizinischer Neuerungen im Bereich der Hormonforschung macht es nicht leicht, sich im Dschungel von Krankheitsbildern und Heilmitteln zurechtzufinden. Manchmal schlägt es mir auf den Magen, wenn ich lese, welche Schreckbilder an die Wand gemalt werden bei der Nichteinnahme von Östrogen. Ist es da ein Wunder, wenn beunruhigte Frauen bereits vor der Menopause zur Vorbeugung Hormone schlucken, um sich vor Alzheimer, Herzinfarkt, Osteoporose, Depressionen oder einer trockenen Scheide schützen zu wollen?

Lieber einen Arztbesuch zu viel als einen zu wenig, war eine Devise während meiner Wechseljahre, denn das beste Rezept im Umgang mit Unsicherheiten und Ängsten ist ein klärendes Gespräch. Es ist gut, sich dafür Zeit zu nehmen.

Feuerzeichen auf meiner Haut

Das von Frauen meistgenannte Zeichen der Veränderungen in den Wechseljahren ist die plötzlich auftauchende Hitze im Körper, die Hitzewallung. Mit dieser Erfahrung tun sich viele schwer, weil Ängste aufwachen und sich eine ganz neue Befindlichkeit aufdrängt, die mit der bisher gewohnten nicht vergleichbar ist. Wenn sich Frauen im Klimakterium an die Klagemauer stellen, dann kreisen ihre Worte um diese Hitzeerfahrung. Jede muss ihren eigenen Zugang zu diesem Phänomen finden. Nur wenigen gelingt es von Anfang an, das spontan aufsteigende Wärmegefühl in ihrem Körper als etwas Natürliches zu akzeptieren. Bei den meisten überwiegt jedoch das Gefühl, von etwas heimgesucht zu werden, das sie nicht mögen, dem sie nicht trauen, weil es Beschwerden, großes Befremden und Widerstand mit sich bringt.

Anfangs stellt sich das Leiden an der Hitzewallung als etwas Diffuses dar. Da sich diese Flammenzeichen des Körpers nicht ausschalten lassen, können sie zu einem Lernprozess führen, denn in den Stunden der Feuerpause fangen die Gedanken zu arbeiten an, malt die Phantasie an dem Erlebten weiter, um diese neue körperliche Ausdrucksweise verstehen zu lernen. Oft bewirken gerade solche Annäherungen eine gewisse Entspannung. Mit dem Versuch, eine Brücke des Verstehens zu bauen, verringert sich die Angst, erhält das diffuse Geschehen ein klareres Gesicht. Wenn es mir möglich ist, dem anfangs aufsteigenden Gefühl der Panik dadurch zu begegnen, dass ich mich zurücklehne, meine Arbeit unterbreche, gewinne ich Distanz. Dann darf das Körpergeschehen ungehindert ablaufen und die Hitzewallung läuft aus wie eine Welle am Strand. Wer der Wellenbewegung noch eine kleine Weile in sich nachspürt, in ihren wiegenden Rhythmus hinein atmet, fühlt sich danach erleichtert und entspannt.

Erfahrungsgemäß gibt es auch im Hinblick auf die Hitzewallungen Zeitabschnitte, in denen sie sich nicht zeigen. Umso größer ist dann das Erstaunen, dass sie auf einmal wieder auftauchen. Wenn Welle auf Welle sich in mich ergießt, gerät mein Körper in großen Aufruhr. Manche Frauen sehen in solch vehement auftretenden Hitzewallungen ein Zeichen dafür, dass sie für Ruhe und Entspannung sorgen müssen. Sie setzen die Bewegung der fliegenden Hitze fort in dem Bemühen, sich einen äußeren und inneren Raum zu schaffen, um standhalten zu können. So gehen sie erste Schritte in die in den Wechseljahren entstehenden neuen Innenräume, die nach der Stille verlangen. An der Tür hängt dann das Schild: *Kein Eintritt für Stress und Hektik!* Stille-Übungen verändern die Art und Weise, wie die Hitze erlebt wird. Im Regelkreis von Körper, Geist und Seele ist dies eine Möglichkeit, Einfluss zu nehmen, mitzugestalten. Dann schwindet das viel beklagte Ohnmachtsgefühl und die Hitzewallungen verlieren ihre Heftigkeit.

Wer mit geplagten Frauen spricht, stößt schnell auf den Themenkreis des Feuers und der Farbe Rot. Ich habe den Eindruck, dass in dem komplexen Geschehen der Hitzewallungen unterschwellig viele Relikte vergangener Zeiten mitschwingen. Dabei geht es um die zentrale Bedeutung der Farbe *Rot,* die in den Hitzewallungen so sichtbar nach außen drängt. Das ist das Schlimme, sagen viele Frauen, dass die Rötungen die schützende Hülle der Haut durchbrechen und damit auch für andere sichtbar werden. Auf einmal teilt sich den Menschen meines Umfeldes mit, was mit mir los ist. Aber das will ich doch gar nicht. Das geht die doch gar nichts an! Schweiß läuft mir über den Nacken, mein Gesicht rötet sich, ein Gefühl der Enge erfüllt mich, ich halte es in diesem Raum nicht mehr aus, will raus an die frische Luft. Am liebsten nun allein sein, am geöffneten Fenster stehen, die frische Luft einatmen, damit sich mein aufgewühlter schwitzender Körper wieder beruhigt.

Vielschichtig sind die Gefühle von Frauen bei diesen Hitzeattacken. Da alles Geschehen über das vegetative Nervensystem läuft, ist es willentlich unbeeinflussbar. Immer steht es dann 1:0 für die Hitzewallung; sie ist nicht in den Griff zu kriegen. Wer eine Wallung zum ersten Mal erlebt, denkt vielleicht hinterher, ach so ist das. Aber wenn sich die Wallungen häufen, an Intensität zunehmen, ist von neugieriger Bejahung nichts mehr zu spüren, dann ist alles nur noch lästig und vom Übel. Manche willensstarken Frauen versuchen sich mental gegen das Aufflackern der Hitze zu wehren. Andere wieder lassen sich gehen, versuchen im Rhythmus des Aufflammens zu atmen, unterbrechen ihre Tätigkeit, nehmen sich ganz bewusst wahr, fühlen, wie sich die Hitze in ihrem Körper ausbreitet, sich dann wieder zurückzieht, die Temperatur abfällt, ein Kältegefühl sich zeigt. Diese neue Körpererfahrung lässt sich nicht abblocken, doch scheint es in Zeiten der Anspannung und unter Stress häufiger zu Hitzewallungen zu kommen als an ruhigen Tagen.

Schamgefühle

Ich möchte eine Antwort auf die Frage finden, wieso die Hitze manchen Frauen so viel Leid macht. Vor allem aber möchte ich verstehen, wieso sich Frauen dieses Körpervorgangs wegen schämen. Da ist doch etwas fehlgeleitet, denke ich. In meiner Erinnerung sehe ich ein Bild vor mir: Ich sitze am runden Esstisch. Der Abend ist schon weit fortgeschritten, eine fröhliche Gästeschar sitzt um mich. Wir haben gut gegessen, Wein getrunken, anregende Gespräche geführt. Der Raum ist gefüllt mit Humor und witzigen Äußerungen. Ich genieße die angeregte und etwas überhitzte Gesprächsrunde, in der sich alle gelöster und lockerer verhalten als gewohnt. Erschrocken bin ich allerdings, als ein Freund vor den Gästen auf mein gerötetes Gesicht hinweist. Alle lächeln; offensichtlich bin ich rot wie eine Tomate. Schnell war die Gruppe bei einem neuen Thema, aber ich verstummte, entfernte mich aus dem Raum, um im Spiegel des Badezimmers mein Gesicht anzuschauen. Klar, ich hatte ein rotes Gesicht, auch am Hals waren rote Flecken zu sehen. Aber weshalb ist das ein Grund zum Lachen?

Dieses Ereignis rührte an alte Verletzungen aus der Kindheit. Dort war das Rotwerden des Gesichtes etwas, dem große Bedeutung zugemessen wurde. Wer als Kind im Verdacht stand, gelogen zu haben, der konnte noch so standhaft leugnen, das half ihm alles nichts, denn sobald in seinen Wangen das verräterische Rot aufflammte, galt es als überführt. Damals war es immer dasselbe: gegen das Erröten war ich machtlos, was mich wütend und klein machte, denn manchmal hatte ich nicht gelogen, war unschuldig. Für das Kind hieß die Botschaft: Rotwerden ist ein Makel. Da sich auf der Haut jedoch nur ausdrückt, was innere Emotion ist, kam noch eine weitere Botschaft hinzu: Beherrsche dich, dein Gefühl darf sich nicht zeigen. Kein Erwachsener kam damals auf die Idee, dass ein Kind durch die aufgekratzte Konfliktsituation in eine große innere Erregung versetzt wird, die sich in den roten Backen zeigt. Es muss mit solchen frühen Schamerfahrungen zusammenhängen, wenn gerade Frauen beim Erröten in den Wechseljahren sich schämen.

Als ich den Führerschein machte, hatte der Fahrlehrer ein großes Vergnügen daran, mich lange Zeit rückwärts fahren zu lassen. Beim Überreichen des Scheins meinte er ironisch, ich solle doch die gesunde Färbung meines roten Gesichtes beibehalten. In die Freude über die bestandene Führerscheinprüfung fiel erneut die Scham über das rot gewordene Gesicht.

Beide Ereignisse haben für mich Beispielcharakter, denn jedes Mal war es ein Mann, der auf die

Rötung meines Gesichtes verwies und mich auf diese Weise beschämte. Die im Gesicht gerötete Frau kann zu einer negativ bewerteten Person werden. Rot ist vielen Menschen nicht geheuer, macht ihnen Angst. Eine Kollegin meinte eines Tages besorgt, ob die Kinder in ihrer Aufmerksamkeit nicht beeinträchtigt wären, wenn ich in einem roten Kleid vor der Klasse stehe. Die Kinder liebten mein rotes Kleid, aber der Kollegin war ich irgendwie nicht ganz genehm. Ich war eine Rote! Denen ist bekanntlich nicht zu trauen, denn sie verweisen auf das Blut, das Feuer der Sinnlichkeit, Erregbarkeit, Aufruhr und Lebenssteigerung. Lauter Zustände, die über das übliche Maß des Alltags hinausgehen. In Rot steckt die Dynamik des Feuers, die auch auf andere übergreifen kann. Manche Menschen, die sich in der gehobenen Emotion der Freude befinden, wirken feurig und begeisternd, ihr inneres Feuer springt über, ihre Erregung und Ergriffenheit steckt andere an. Vielleicht ist es diese Angst, vom Roten angesteckt zu werden, die manche Männer an Frauen bekämpfen. Und wenn Frauen in den Wechseljahren vermehrt rote Zeichnungen auf ihrem Körper tragen als Ausdruck ihrer Emotionen, dann haben manche Männer Mühe damit, und schon sind Schamgefühle geweckt. Wieso schäme ich mich eines natürlichen Vorgangs? Wenn mir im Winter kalt ist, ich vor Kälte mit den Zähnen klappere, dann lacht mich doch auch niemand aus.

Im Spektrum der Farbe Rot mich weiter bewegend, lande ich in der Hölle, stoße unweigerlich auf den Teufel, diesen Herrn des Höllenfeuers, der zu einem Inbegriff der zerstörenden Kraft dieses Elements in unserer Kultur wurde. Satansbraten, kleiner Teufel, das waren Schimpfworte, die ich als Kind oft zu hören bekam, wenn mein Verhalten nicht der Norm entsprach. Verteufelungen zeigen Wirkung in jeder Gesellschaft, finden schnell Opfer unter den Schwachen oder Andersartigen, heften sich bevorzugt an Frauen. Als Opfer von Projektionen übernehmen sie die Rolle des Sündenbocks und tragen die Scham, die sich andere vom Leib halten. So ist es auch kein Wunder, wenn der Bereich der Prostitition als Rotlichtmilieu bezeichnet wird. Die Farbe des Lasters und der Sinnlichkeit ist Rot.

Die rote Frau

Rot wird in unserer Kultur dem Bereich des Weiblichen zugeordnet, blau dem männlichen Geschlecht. Wenn gedankliche Klarheit in blauen Höhen angesiedelt und als eine hohe Tugend angesehen wird, ist es da ein Wunder, wenn es die sich rötende Frau schwer hat? An dieser Stelle wird viel Trennendes zwischen Mann und Frau sichtbar. Eine solche Festschreibung ärgert mich und macht mich gleichzeitig traurig, weil sie tief im Bewusstsein beider Geschlechter sitzt und Wirkung zeigt. Gleichzeitig habe ich aber doch den Eindruck, dass durch die Frau in den Wechseljahren Männern auch Lernprozesse zugemutet werden, über die bis jetzt noch kaum gesprochen wird. Wie erlebt es ein Mann, wenn er neben einer Frau sitzt, die eine Hitzewallung hat und rot im Gesicht wird? Und erlebt ein Mann nicht auch eine Veränderung seiner Zeugungskraft, wenn er mit einer Frau im Bett zusammen ist, der er kein Kind mehr machen kann, weil sie in der Menopause ist? Ob damit vielleicht die Unsicherheit mancher Männer in der sexuellen Beziehung zu Frauen in und nach den Wechseljahren zusammenhängt? Ihr bis dahin stark am Mütterlichen orientiertes Frauenbild stimmt nicht mehr.

Am Ende der körperlichen Mutterschaft taucht die rote Frau auf, die Ausdruck der großen Wandlungsenergien ist. Sie weist nun nicht mehr auf das rote Menstruationsblut hin, denn Lilith aus der Wüste sitzt am Wegrand. Fast scheint es mir, dass eine natürliche Ordnung außer Kraft gesetzt wird, denn in der Darwinschen Evolutionstheorie, wie ich sie in der Schule gelernt habe, heißt es doch, die natürliche Selektion fördere nur das, was der Fortpflanzung diene. Vor einigen Jahren konnte deshalb die freche Frage auftauchen: Warum leben Frauen eigentlich nach der Menopause weiter?

Natürlich hatte diese Frage ein Mann gestellt und auf das innerhalb der Evolution einzigartige Phänomen hingewiesen. Mir macht die Vorstellung Spaß, dass die Frau in der Menopause aus der Reihe tanzt, den akribisch geführten Tabellen des alten Darwin eine lange Nase dreht und triumphierend ruft: „Ich passe nicht in deine Festlegungen!" Welch ein Gewinn an Macht und Eigenständigkeit! In der Welt biologischer Lebewesen gibt es das Phänomen der Menopause nur ein einziges Mal, bei den Frauen. Alle anderen Spezies sind dem Gesetz von Leben und Gebären bis zum Tod unterworfen. Nur Frauen dürfen eine Ausnahme machen. Dank sei dem Gen, das diese Entwicklung möglich macht. Eine Studie, die sich an Forschungsergebnissen aus Afrika orientierte, brachte die Einsicht: Frauen nach der Menopause werden alt, um die Mütter der Enkel zu entlasten, damit diese vermehrt nach Nahrung suchen können. Auf unsere Kultur lässt sich das so nicht übertragen, denn viele Großmütter lassen sich dieses einseitige Joch nicht mehr überstreifen, versuchen, die eigenen Bedürfnisse und die der Enkelgeneration unter einen Hut zu bringen. Erneut stoße ich auf die große Freiheit der Frauen nach dem Klimakterium, die sie ja deshalb so deutlich erleben, weil sie durch das Aufziehen der Kinder während vieler Jahre unfreier waren als die Männer. Zeigt sich hier die manchmal ausgleichende Funktion der

Natur? Die Mühen und Einschränkungen, die ich in den Jahren mit den heranwachsenden Kindern auf mich nehmen musste, erhalten nun eine Belohnung. Dadurch können die Jahre nach der Menopause zu einer besonders erfüllten Zeit werden. Manche Frauen vergleichen sie mit einer Erntezeit, denn nun sind die Früchte reif, können sie aus dem Vollen schöpfen, d.h. aus der Fülle ihrer Weiblichkeit.

Rot werdendes, heiß werdendes Weib – anziehend, erregend, feurig, begeisternd, sinnlich, glutvoll, sich verzehrend. Aber das ist nur die eine Seite. Wenn der Schweiß ausbricht, spricht der Körper eine Sprache, die zu verstehen sehr schwer fällt.

Was macht mich heiß?

Als mein Körper anfing, mir mit abendlichen Hitzewallungen zuzusetzen, mich nachts wie nach dem ersten Saunagang aufwachen ließ, suchte ich Rat und blätterte mich durch manches Buch, darunter: *Krankheit als Weg* (Dahlke/Dethlefsen). Mich befremdet die Art und Weise, wie dort im Kapitel über das Klimakterium über die fliegenden Hitzen geurteilt wird. Sie „sind ein Versuch, zu demonstrieren, dass mit dem Verlust der Regel nicht gleichzeitig das Frausein im sexuellen Sinne verloren ist – und so zeigt man, dass man noch von Hitze durchwallt wird und somit eine heiße Frau ist. Auch wieder einsetzende häufige Blutungen sind der Versuch, Fruchtbarkeit und Jugend vorzutäuschen." Meine an den Rand geschriebenen Worte des Protestes kann ich hier nicht wiedergeben.

Das ist eine böse Unterstellung, die Frau in den Wechseljahren könne sich nicht von ihrer Fruchtbarkeit trennen, deshalb täusche ihr Körper etwas vor, was nicht mehr ist. Da ist dem Weib mal wieder nicht zu trauen. Vor allem aber heißt es Vorsicht vor dem weiblichen Körper, denn dem ist nicht zu trauen, denn er lügt und täuscht und trickst, und die Frau mit ihm. Wie sollen bei solchen Behauptungen Frauen in einen Dialog zu ihrem Körper gelangen? Misstrauen müssen sie ihm, weil er ihnen doch etwas vorlügt.

Auch den folgenden Ausführungen muss widersprochen werden: „Wie groß die Probleme und Beschwerden des Klimakteriums sind, hängt weitgehend davon ab, wie erfüllt die eigene Weiblichkeit bisher gelebt und erlebt wurde." Im Klartext heißt das, jede fliegende Hitze hält der Frau in den Wechseljahren einen negativen Spiegel vor, in dem sie sieht, was sie versäumt und nicht gelebt hat in ihrem bisherigen Leben. Aussagen wie die zitierten wirken verletzend und erzeugen gleichzeitig ein Gefühl, nicht o.k. zu sein. Die Frau in den Wechseljahren täuscht sich Jugend vor, weil sie nicht Abschied nehmen kann. Wer unter fliegenden Hitzen leidet, wird dann zur Frau, die sich nicht lösen kann. Da taucht mal wieder das weibliche Mängelwesen auf und das Echo der Wallungen ruft: Selber schuld, selber schuld. Ist es da ein Wunder, wenn Frauen anfangen, die Hitzewallungen als etwas Schlimmes zu erleben? Schuldgefühle machen sich breit, denn nun liefert mir mein Körper die Rechnung dafür, dass ich Fehler gemacht habe in meinem Leben, nicht erfüllt gelebt habe. Als ob Menschen ihr Leben voll im Griff hätten und ganz nach ihrem Gusto stets voll leben könnten. Hinter solchem Denken steckt eine gewaltige Selbstüberheblichkeit, die dem Einzelnen weismachen will, er habe sein Schicksal in der Hand, es liege in seiner Allmacht, ein erfülltes Leben zu führen. Der nächste Satz schlägt dem Fass der Entrüstung den Boden aus: „Nur das Nichtgelebte macht *heiß*."

Für die Frau in den Wechseljahren beginnen die schlaflosen Nächte im Verbund mit den Hitzewallungen und die Autoren dieses Buches liefern gleich das Rezept für die Wachphasen mit: Hand aufs Herz, wo hat die Frau in den Wechseljahren überall gefehlt? Wo hat sie nicht erfüllt gelebt, ihre Bedürfnisse durchgedrückt? Wenn sie alle Verfehlungen zugibt, dann wird sie spüren, wie die Wallungen aufhören. Nein, so einfach funktionieren Frauen nicht, und in den fliegenden Hitzen zeigt sich mehr Substanz, als Männer glauben! Vor allem aber, was machen die Frauen, die ein erfülltes Leben hinter sich haben und trotzdem heiß werden? Es muss etwas anderes sein, was hinter dem Geheimnis der fliegenden Hitzen steckt!

Das geheimnisvolle Feuer in mir

Offene Feuerstellen üben auf mich eine große Anziehungskraft aus, ich muss mich dann einfach ans Feuer setzen, dem Spiel der Flammen zuschauen, etwas Holz nachlegen, um mal wieder so richtig einzuheizen. Ich erlebe solche Verrichtungen am Feuer als mein ureigenes Metier und fühle mich gut dabei. Feuer und Frau, das sind für mich zwei Phänomene, die zueinander gehören. Ein Märchen aus der Südsee erzählt von einer alten Frau, die das Feuer in ihrem Körper barg. Wenn sie kochte, dann zog sie das Feuer aus ihrem Körper. Dieser Vorgang wird noch genauer beschrieben, sie zieht das Feuer zwischen ihren Beinen hervor. Mir gefällt das Bild einer alten Frau, die zur Verkörperung des Feuers wird. Ist sie nicht ein wunderbares Gegengewicht zu der in medizinischen Büchern zitierten trockenen Scheidenfrau der Menopause?

Wer als Frau seine feurige Seite nicht angstvoll zurückweichend erlebt, sie auch nicht erstickt, entdeckt in sich eine Energie, die mit dem Älterwerden nicht ausgeht sondern weiter im Körper wohnt. Wenn so viele Frauen nach den Wechseljahren lebendig und begeisternd sich in ihrem neuen Leben verwirklichen können, dann hängt das mit dem inneren Feuer zusammen, dieser zeugenden und befruchtenden Macht. Frauen, die ihren Wallungen standgehalten haben, sie in ihren Kräftehaushalt integriert haben, profitieren weiterhin von ihrem stimulierenden Effekt.

Von allen weiblichen Attributen ist mir das der Hüterin des Feuers das liebste. Frauen wachen an der Herdstelle, dass das Feuer nicht ausgeht und benutzen es als Energie beim Kochen. Ohne Feuer finden keine Wandlungsprozesse statt, kann das Rohe sich nicht in eine feinere Form verwandeln. In vielen Märchen und Mythen drückt sich die besondere Bedeutung des Feuers aus. Im russischen Märchen *Die wunderschöne Wassillissa* wird erzählt, wie in einem Haus das Feuer ausgeht, das Mädchen Wassillissa sich auf den Weg machen muss, um bei der großmächtigen Baba Yaga, der archetypischen Hüterin dieses Elements, das Feuer zu holen. Wenn kein Feuer mehr im Ofen brennt, finden in der Küche keine Wandlungsprozesse mehr statt, bleibt die Küche kalt. Übertragen auf die symbolische Ebene kennzeichnet dies einen seelischen Zustand der Stagnation und der Kälte. Alles Bemühen um Veränderung verläuft im Sand, solange es nicht genährt wird von einem inneren Feuer. Wassilissa erhält das Feuer in einem Gefäß aus Knochen, dem Totenkopf. Das ist ein altes Wandlungssymbol. Mit dem Feuer der Baba Yaga in der Hand kann sich Wassilissas Leben weiterentwickeln. Die Stagnation ist überwunden, die Zeit der Dunkelheit und Kälte vorbei.

Feuer, eines der vier Elemente, gilt auch als Lebenslicht und Garant für die Lebenswärme der Menschen. Die innere Wärme eines Menschen strahlt aus ihm heraus und nährt auch andere. Darüber hinaus wird die menschliche Seele mit einer Flamme verglichen und die Dauer eines Lebens im Bild der brennenden Kerze. In solchen Symbolen wohnt die feurige Energie, welche alle Lebensprozesse unterhält.

Ambivalent wirkt das Feuer. Auf der einen Seite bewirkt es Licht und Wärme, auf der anderen Seite kann es zerstören und verletzen. Feuer vernichtet Krankheitserreger. Wenn das Fieber hochsteigt, verbrennt der Körper die Krankheit und die reinigende Kraft des Feuers sorgt für die Genesung. Ebenso wird dem Feuer zeugende Kraft zugeschrieben, und manche Sagen erzählen von Feuerproben, welche Menschen durchstehen mussten, damit in einer Art Gottesurteil ihre Schuld oder Unschuld nachgewiesen werden konnte. Damit öffnet sich ein düsteres Kapitel der Geschichte, denn wie vielen Frauen wurde in vergangenen Jahrhunderten das Feuer zum Verderben, wenn sie als Hexen auf dem Scheiterhaufen verbrannt wurden.

Dieses Wissen um die vielfältige Bedeutung des Feuers kann eine Hilfe sein, das Geschehen im Körper nicht nur als eine Folge der verringerten Östrogenproduktion zu sehen. Wenn die Hitzewallungen einsetzten, dann ist dies Ausdruck eines großen Reinigungsprozesses. In Phasen des Abschiednehmens stirbt ein Teil, ist dabei zu verbrennen und löst sich in Luft auf. Nur durch das Verbrennen des Alten kann das Neue sichtbar werden. Im Grimmschen Märchen *Hans mein Igel* verbrennt die Igelhaut, welche die bisherige Lebenshaltung des jungen Mannes verkörpert. Aber darunter hatte sich längst eine neue zarte Haut gebildet, die nun sichtbar wird.

Hans mein Igel gehört zu den Märchenfiguren, die zum Thema passen. Er durchläuft einen Erneuerungsprozess, der erst durch die Wandlungsenergie des Feuers zu einem guten Ende kommt. Seine alte Haut verbrennt und damit alle alten Widerborstigkeiten, die er in seinem bisherigen Leben brauchte. Durch das Ablegen der Stachelhaut wird er ein Mensch, der Nähe und Zärtlichkeiten zulassen kann.

Wenn das Feuer lodert, die Haut heiß wird und schwitzt, verbrennt die Frau in den Wechseljahren ihre alte Hülle. Lange Jahre hatte sie sich darin geschützt und geborgen gefühlt, hatte sich eingerichtet. Aber über die Jahre wurde diese Umhüllung zu eng, rissig und alt, denn in den Wechseljahren will eine neue Frau entstehen, die von innen nach außen drängt. In einer faszinierenden Metamorphose verpuppt sie sich wie ein Schmetterling, sprengt die alte Hülle und steht da als eine schöne und liebenswerte Frau.

Lotte, auf der Suche nach Bildern, die ihr Kraft geben, um ihre Hitzeattacken durchzustehen, fühlt sich jedes Mal leichter, wenn eine Wallung vorbei ist. Von Mal zu Mal hat sie das Gefühl, in ihrer Verwandlung einen Schritt weiterzukommen. Mit dieser Form der Umdeutung verhindert sie, dass sich ihre innere Kraft blockiert. Sie erlebt sich im Fluss mit ihren Wallungen, hat alle Kontrollorgane ausgeschaltet, lässt ihre Natur walten und spürt, wie sich beim Schwitzen alte Ablagerungen lösen.

Hitze – Schweiß – Kälte

Julia, Chefsekretärin in einem kleinen innovativen Unternehmen, hat den festen Vorsatz, durch ihre Wechseljahre ohne großes Aufheben zu kommen. Sie ist eine attraktive Frau, arbeitet sachlich und zielstrebig, ihre Tätigkeit schenkt ihr ein großes Maß an Befriedigung. Anerkannt als kompetente Frau, war ihr der Verzicht auf die Rolle als Mutter nie schwer gefallen. Und so soll es auch bleiben, denkt sie, als sie nach dem letzten Besuch bei der Frauenärztin über mögliche Begleiterscheinungen des Klimakteriums gesprochen hat.

Schlagartig ändert sich ihre Gelassenheit, als sie in einer wichtigen Konferenz Protokoll führen muss und zum ersten Mal erlebt, wie ihr Körper in Stress kommt. Ihr wird es heiß, aber sie behält den warmen Blazer an, denn sie legt Wert auf ihr berufliches Outfit, Kostüm mit kurzem Rock, Bluse oder T-Shirt, ein Jackett darüber. So fühlt sie sich sicher, so stimmt sie. Heute verändert sich das. Julia bricht der Schweiß aus, ihr Gesicht kriegt die verräterischen roten Flecken. Sie hat Mühe, sich auf die Verhandlungen zu konzentrieren, tupft sich heimlich den Schweiß von der Stirn und bittet endlich um eine kurze Unterbrechung. Rasch verlässt sie den Raum und ist den Tränen nahe, fühlt sich schlecht und schämt sich. Wie weit hat sie sich entfernt von ihrem Ideal der damenhaften und stets beherrschten Frau! In dieser Nacht schläft sie miserabel, wacht immer wieder erschrocken auf. Horrorvorstellungen plagen sie, zeigen sich im folgenden Traum:

Julia läuft durch Zimmer und Gänge. Es ist stockdunkel um sie herum. Das Licht ist aus, offensichtlich ist der Strom weg. Vorsichtig tastet sie sich durch den Raum, streicht über die Wand, in der Hoffnung, den Sicherungskasten zu finden. Irgendwo muss der doch sein. Endlich findet sie ihn, aber sie hat Angst, auf die Sicherung zu drücken. Nach einigem Zögern tut sie es dann doch und hat den Eindruck, sie spüre die große Energie des Stroms in ihrem Körper. Als das Licht angeht, hat sie den Eindruck, alles sei wieder in Ordnung.

Beim Aufwachen ist sie den Tränen nahe. Das Gefühl, sich nicht wie gewohnt bewegen zu können, macht sie klein. Das bedrückende Dunkel schlägt sich in ihrem Körper als eine große Schwere nieder. Heute mag sie gar nicht aufstehen. Am schlimmsten aber war die Angst vor der Stromspannung. Sie hatte Angst, sie würde einen Stromschlag bekommen. Und dem Sicherungssystem traute sie nicht. Kurzschluss hieß eine Botschaft des Traums. War das nicht auch eine Kurzschlusshandlung gestern in der Konferenz? Einfach aus dem Raum zu laufen, das gehört sich doch nicht! Julia kreist um die Bilder des Traums, fängt an, sie zu verstehen. Das schlimme Traumerlebnis, im Dunkel sich verloren zu fühlen, das setzt ihr am meisten zu. Ihre Stimmung ist abgesunken und grüblerische Gedanken beherrschen sie für viele Stunden. Sie hat Angst vor der nächsten heißen Wallung, dieser starken Energie in ihrem Körper, die so neu und heiß war. Während des folgenden Arbeitstages kehren Julias Gedanken immer wieder zu diesem Traum zurück. Du liebe Zeit, das müssen die Wechseljahre sein, denkt sie. Das kann ja heiter werden!

Gemäß ihrem Motto: „Schwierigkeiten sind dazu da, dass frau sie angeht", überprüft sie ihren Kleiderschrank, bevorzugt ab heute Materialien, die sich ihrem sich verändernden Körper anpassen, damit sie die kommenden Schweißausbrüche besser übersteht. Die Umwandlung ihres Kleiderschrankes stellt eine wichtige äußere Hilfe dar, denn die neuen weiten Kleidungsstücke aus Naturfasern erleichtern das Ertragen der Wallungen. Aber ihr Selbstwertgefühl ist doch stark beeinträchtigt. Mit Hilfe eines Östrogenpflasters sucht sie Abhilfe. Dieses Mittel tut ihr gut als weiteres sichtbares Zeichen dafür, dass sie etwas gegen die Heimsuchung der Hitzewallung tun kann.

Julias angeschlagenes Selbstbewusstsein erholt sich; gleichzeitig merkt sie, es ist nicht mehr wie vorher, etwas ist anders geworden. Trotz Pflaster und hormoneller Hilfe werden ihr die Veränderungen der Wechseljahre bewusst. Im Umgang mit jüngeren Kolleginnen lernt sie ein neues Gefühl kennen, das sie nur schwer bei sich akzeptieren kann: es ist der Neid auf die jungen Frauen! Nie hätte sie das gedacht, einmal neidisch auf andere zu blicken, denn sie war doch stets die kompetente Frau im Betrieb. Ihr Selbstwert schien felsenfest gegründet zu sein. Und jetzt schaut sie nach diesen jungen Frauen – will es eigentlich nicht tun, denn der Neid raubt ihr Kraft, lenkt sie von der Arbeit ab und weckt negative Gedanken. Im Gespräch mit ihrem Chef ertappt sie sich dabei, wie sie eine neue Kollegin als *junges Ding* bezeichnet. Unzensiert schlüpfte dieses Wort über ihre Lippen, entlarvt ihre Ängste ums Älterwerden und die in ihr nagende Unzufriedenheit mit dem Zustand der Frau in den Wechseljahren. Mehr als einmal sagt eine Stimme in ihr: „Siehst du diese glatte Haut im Gesicht der Neuen; wie die den Chef anmacht? Die ist jung und hat noch ihr ganzes Leben vor sich!"

Julia leidet unter dem Neidgefühl, nimmt sich vor, die neue Kollegin zu meiden und wird gleichzeitig von ihr angezogen. Irgendwann muss die doch Fehler machen, denkt sie. Dann würde Julia sich gleich besser fühlen. Doch nichts dergleichen geschieht. Die Neue hat das leichte Händchen am Computer, reagiert flexibel und trägt eine lässige, jugendliche Eleganz in ihrer Kleidung, um die sie Julia beneidet.

Die inneren Auseinandersetzungen mit der jungen Kollegin, dem Älterwerden am Arbeitsplatz und den Veränderungen der Wechseljahre dauern viele Monate. Ohne es beabsichtigt zu haben, gerät Julia in einen Trauerprozess. Sie versteckt ihn gut hinter ihrem Outfit, spricht im Betrieb mit niemandem darüber, denn das Gefühl der Scham verschließt ihr die Lippen. Illusionslos, nüchtern, manchmal auch verbittert geworden, muss sie sich eingestehen, dass sie sich um Fragen des Älterwerdens nie gekümmert hat.

Im Gespräch mit ihrer Ärztin, bei der sie über die Schlaflosigkeit und Erschöpfung klagt, fällt zum ersten Mal das Wort *loslassen.* Um dieses neue Wort kreisen in der folgenden Zeit Julias Gedanken und Phantasien, versucht sie, sich konkret zu machen, was das heißt, will spüren, wie das schmeckt, wie sich das Wort anfühlt, was es mit ihr macht. Bisher war das ein Wort, das Menschen benutzten, zu denen Julia nicht gehörte. Doch nun bewegt es sich in ihr und sie stellt Fragen: Was ist dran bei mir? Was soll ich loslassen? Wovon muss ich mich lösen? Eine Antwort heißt: Ich will den Neid auf die jüngeren Kolleginnen loslassen. Aber dieses Gefühl scheint an ihr zu haften wie an einer Klette. Noch einmal so jung und frisch sein, bleibt das Echo in ihr, das sie eigentlich nicht hören will.

Julias Weg führt in Situationen, in denen sie kaum noch Kraft in sich spürt. Eigentlich müsste sie zugeben, dass sie erschöpft ist. Doch das kann sie sich noch nicht eingestehen. Sie muss sich weiterhin beweisen, puscht sich vorwärts, sagt: „Das wäre doch gelacht, wenn ich das nicht schaffe", und knallt sich mit Arbeit voll. Loslassen, leichter gesagt als getan, aber wie geschieht das? Ich kann das nicht. Ich bin eben kein Loslass-Typ! Julias Weg durch die Wechseljahre führt durch Engpässe, Umwege, in Sackgassen. Erst nachdem diese durchschritten und durchlitten sind, macht sich eine leise Ahnung von Befreiung breit. Ihr Rücken fühlt sich leichter an, ihre Augen bekommen einen weiteren Blickwinkel, weil ganz langsam die absolute Dominanz der beruflichen Arbeit zerbricht. Sie wird nicht mehr so wichtig. Arbeit ist nicht länger der Gott, den Julia anbetet. In dieser Zeit hat sie den folgenden Traum:

Julia befindet sich in einem Lager, viele Menschen sind um sie herum. Die Räume sind einfach gebaut, sehen aus wie Baracken. Trotz der wenig einladenden Umgebung wird Julia von einem großen Gefühl der Freiheit erfüllt.

Beim Aufwachen fühlt sie sich gut, kräftig und frei. Endlich, denkt sie, endlich geht es weiter. In den Monaten davor hatte die Dynamik der Wechseljahre Julia fest im Griff. Müde und ausgelaugt war sie, hatte den Eindruck ständigen Unterwegsseins, kam sich vor wie ein Flüchtling auf der Suche nach einer neuen Heimat. Das Bild der Baracken erinnert an Fernsehaufnahmen von Krisengebieten, wo Menschen aus der alten Heimat ausziehen mussten, im Lager die Zeit abwarten, bis sich neue Möglichkeiten ergeben. Wo führt mich mein Weg hin?, denkt Julia. Was für eine Frau werde ich in ein paar Jahren sein?

In der nächsten Zeit öffnen neue Bereiche des Lebens ihre Türen, neue Interessen tauchen auf. Heimlich, still und leise nimmt sich eine ganz überraschende Einsicht Raum: „Ich muss nicht mehr um jeden Preis erfolgreich sein! Ich muss mich nicht aufzehren! Dafür darf ich mich umsehen, neugierig wie ein Kind mit offenen Augen durchs Leben gehen, um zu sehen, was mir neben der Arbeit noch zufällt." An manchen Tagen spürt Julia ein neues Gefühl der Leichtigkeit. Sie lässt sich treiben nach Feierabend oder am Wochenende, verplant ihre freie Zeit nicht, vertraut auf das, was sich ereignen würde. Im Park setzt sie sich allein auf eine Bank, wartet gespannt auf den ersten Menschen, der sich neben sie setzen wird, freut sich über Gespräche, die sie auf diese Weise mit Fremden führt. Solche Begebenheiten sind für sie wie neue Schätze.

Nach wie vor liebt sie ihre berufliche Tätigkeit, aber verstärkt wenden sich ihre Gedanken der Zeit nach dem Ende der Berufstätigkeit zu. Manchmal hat Julia den Eindruck, dass Mauern der Begrenzung in ihr zusammengestürzt sind. Die Gefühle von Neid und Enge haben sich gewandelt, haben einer großen Weite Platz gemacht. Julia hat das Loslassen gelernt.

Der Weg zu dieser neuen Einstellung dem Leben gegenüber hatte seinen Anfang im Erleben des Feuers. Auch wenn durch das Östrogenpflaster die Flamme gedämpft wurde, erstickte die innere Glut der Wechseljahre nicht. Der Prozess der Transformation nahm seinen Lauf. Aus der früher stets kontrolliert wirkenden Frau schaut nun auch die andere Seite ihres Wesens heraus. Endlich darf die spontane, ihren Instinkten vertrauende Frau in ihr leben. Endlich darf sie sich den Raum nehmen, den sie braucht.

Humor im Umgang mit den Hitzewallungen

Frauen, die außerhalb ihrer Wohnung arbeiten, erleben die Hitzewallungen anders als die, welche am Arbeitsplatz mit anderen Menschen verbunden sind. Da unser heutiges Schönheitsideal den nicht transpirierenden, aseptischen Menschen bevorzugt, fällt eine Frau mit Schweißausbrüchen in den Wechseljahren aus der Norm. Damit entfernt sie sich einen weiteren Schritt vom Bild der schönen Frau. Schweißgebadet fällt sie auf sich zurück, fühlt sich verlassen, denn meist kann sie nicht darüber sprechen. Welche Frau wagte auch zu sagen: „Nein, es tut mir leid, ich kann grad nicht, ich muss erst warten, bis die Wallung vorbei ist", stellt sich ans offene Fenster, nimmt sich die Freiheit und mutet sich so den Kollegen zu.

Die folgende Episode gehört zu den Ausnahmen. Eine Freundin erzählt von ihrer Großmutter, die ohne Rücksicht auf Anwesende im Raum zu sagen pflegte: „Achtung, Kinderchen, meine Wallung kommt!" Alle wussten, Großmutter wallt wieder, fächelten ihr frische Luft zu, nahmen Anteil an ihrem Geschick und lernten ein wichtiges Kapitel weiblichen Erlebens auf humorvolle Art und Weise kennen. Humor ist ein wunderbarer Lehrmeister, der Menschen zu Lebenskünstlern macht, sie verändert, in schweren Situationen leicht macht. Auch das ist eine Möglichkeit, mit Hitzewallungen umzugehen.

Wenn ich nachts mehr als einmal schwitzend aufwachte, lange brauchte, um wieder einzuschlafen, musste ich solche Geschehnisse meinem Mann mitteilen und nannte das Erlebte meine Schwitzorgien. Ich hatte mal wieder Schwitzorgien im Bett gefeiert! Der etwas übertreibende Begriff erlaubte mir eine gewisse Distanzierung, die es auch meinem Mann ermöglichte, auf dieser Ebene Anteil zu nehmen. Als begeisterte Saunabesucherin schwitze ich gerne, fühle mich hinterher wie gereinigt und bin bereit zu neuen Taten. Wenn mein Bett zu einer nächtlichen indianischen Schwitzhütte wurde, dann lernte ich diese Nächte oft als eine besondere Zeit kennen. Ich wusste, in meiner Seele wälzt sich mal wieder etwas um, oder ein Traum ist dabei, in mir zu entstehen, während ich stark schwitze. Auch solche Beobachtungen halfen mir, mit der Schwitzerei gut über die Runden zu kommen. Schließlich wollte ich später ja auch die Früchte meines Schweißes ernten. Vielleicht hat es bei der Vertreibung von Adam und Eva aus dem Paradiesgarten auch geheißen: Im

Schweiße deiner Nächte sollst du die Früchte deiner Wechseljahre erringen. Wer weiß?

Während der Zeit des nächtlichen Schwitzens veränderte sich mein Verhältnis zur Nacht. War bis dahin eine schlaflose Nacht etwas Außergewöhnliches, so wurde das anders. Spürbar wurde, wie mein Körper und meine Seele nachts arbeiten, inneres Geschehen und Tageserlebnisse in den Phasen des Wachseins verarbeiten. Das Bild des vergossenen Schweißes wurde zum Ausdruck für die Energie, welche Tag und Nacht in mir wirkt, im Alltag verborgen, in der Nacht sichtbarer.

Doch wenn am nächsten Morgen der Wecker sehr früh klingelte, ich unausgeschlafen und kraftlos zur Arbeit musste, lernte ich auch meine Grenzen kennen. Ob ich wollte oder nicht, musste ich erkennen, wie auch mein Kräftehaushalt dabei ist, sich neu zu strukturieren. Die Zeit, in der ich alles wegstecken konnte, war unweigerlich vorbei. Auch mit dem Bäume-Ausreißen war es nicht mehr weit her. Allerdings lernte ich diese Lektion der Wechseljahre erst über die Zeiten der Krankheit.

Hitze – Schwitzen – Kälte – in diesem Ablauf wird viel Kraft verbraucht. Stimmungsmäßig setzt vielen Frauen der große Gegensatz des Temperaturabfalls zu, und dass sie in dem, was sie gerade tun, gestört werden. Was hat mich stabilisiert? Mein Tagesablauf wurde ruhiger, denn jede Hitzewallung brachte mir u.a. die Botschaft: Spüre, was mit dir geschieht! Begreife, in welch großem Umwandlungsprozess du dich befindest. Und dann führten mich die Feuerzeichen auf meiner Haut in die Welt der Märchen; ich stieß auf das Motiv des Jungglühens als ein Mittel der Verjüngung. Im Grimmschen Märchen *Das junggeglühte Männlein* (KHM147) wird ein altes, hinfälliges Männlein ins Feuer geworfen, dass es darin glühe wie ein Rosenstock. Danach wird es in kaltem Wasser abgekühlt und springt dann herum, gesund und wie vor zwanzig Jahren. In diesem Vorgang kann sich die Frau in den Wechseljahren wieder finden, obwohl sie natürlich kein altes, hinfälliges Männlein ist, sondern in einem wichtigen Wandlungsprozess steckt. Das Bild des Feuers und des anschließenden kalten Wassers drückt das körperliche Erleben in und nach den Hitzewallungen aus. Wer durchs Feuer und Wasser gegangen ist, hat in der *Zauberflöte* die Prüfung bestanden. Schwitzend in den Wallungen, kalt im Zustand danach – auf diese Weise wird die Frau in den Wechseljahren gehärtet wie Metall, bis sie am Ende neu geboren in einen neuen Abschnitt ihres Lebens tanzt.

Ruhepausen – Ballast abwerfen

Eine Taube setzt sich aufs Fenstersims, trippelt an der Glasscheibe vorbei, schaut dabei zu mir ins Zimmer herein mit nickendem Kopf. Schon schwingt sie sich wieder in die Luft. Staunend habe ich ihr zugeschaut. Was hat mich berührt? Ihr Flügelschlag, der zarte Hauch einer Bewegung, die meine Seele erreicht. Auf der Uhr ist es Mittag. Eigentlich müsste ich in die Küche gehen, das Essen kochen, doch ich bleibe am Schreibtisch sitzen, blicke ins zart sich entfaltende Grün der Bäume vor meinem Fenster. Das Bild der Taube habe ich in mich genommen. Sie wird mir zum Symbol dessen, was ich mit *Seele* bezeichne.

Von welcher Art sind eigentlich die Äußerungsformen der Seele? Es fällt mir schwer, darauf eine Antwort zu geben, denn in den Lehrplänen der Schulen, wird dieses Wort fast nie erwähnt. Aber in der Entwicklungszeit des Klimakteriums wird es auf einmal wichtig, werden Frauen vertraut gemacht mit dem Curriculum seelischer Ausdrucksmöglichkeiten. Auch in diesem Bereich geht es darum, den Spielraum der Empfindungen und Erfahrungen zu erweitern. Auch die Seele darf wachsen, will aber auch genährt werden. Dabei ist es gar nicht so einfach zu wissen, womit eine Seele gefüttert werden will, was sie mag oder was ihr nicht bekommt. Allerdings kann nach einem Tag voller Pflichten, ein Gefühl dafür entstehen, sich seelisch überfordert zu haben, dann wurde die Seele nicht genährt.

Mein Erlebnis mit der Taube ist eigentlich nichts Außergewöhnliches, doch es wird bedeutungsvoll für mich dadurch, dass ich ihm ganz ungeteilt meine Aufmerksamkeit geschenkt habe, nichts anderes sich in den Vordergrund drängte. Solche Begebenheiten scheinen meiner Seele gut zu tun, das spüre ich an einem Gefühl der Stimmigkeit. Die Gedanken treten zurück und lassen Empfindungen den Vortritt, die nur verweilen wollen.

Durch solche Erlebnisse komme ich der Sprache meiner Seele auf die Spur, ebenso auch durch meine Träume, die manchmal schonungslos auf einen Mangel verweisen.

Ich bin unterwegs und von vielen Menschen umgeben. Auf einmal kommt ein Junge und bringt mir meinen Geldbeutel. Ich bin ganz verdutzt, denn ich hatte gar nicht gemerkt, wie ich ihn verloren habe oder ob er mir geklaut wurde. Etwas beunruhigt öffne ich ihn und stelle fest, dass alle Ausweise und Kreditkarten an Ort und Stelle sind, doch das Geldfach ist leer. Auf der einen Seite bin ich froh, dass der Junge mir das Verlorene gebracht hat, auf der anderen Seite bin ich alarmiert über das Geschehen.

Geld symbolisiert im Traum oft die Libido. Wer nachts im Traum von der Bank Geld holt, spürt am nächsten Tag, wie der Fluss der Lebenskraft trägt und antreibt. Ganz anders ist dagegen das Gefühl, welches im Bild vom leeren Geldbeutel steckt. Von Energie ist nichts zu spüren, eher ein resignatives Abwinken. In den nächsten Stunden bin ich damit beschäftigt, Abwehrkräfte zu mobilisieren. Eine Auseinandersetzung findet statt; es dauert, bis sich das tapfere Dennoch durchsetzt. Auf einmal steht die Kraft des Jungen im Vordergrund, der mich auf den Verlust hinweist. Es ist gut, wenn in meiner Seele vitale Kinderkraft sich zeigt. Aber wissen wollte ich schon gerne, was mir meine Kraft geraubt hat. Die Phantasie spielt mir Bilder zu: ich sehe eine alte, verbitterte Gestalt, die voller Enttäuschungen und Verletzungen steckt, wie sie sich in jedem Leben ansammeln. Offenbar bin ich auf etwas gestoßen, das mir Kraft raubt, heimlich, ungesehen. Dieser Traum sorgt mal wieder dafür, dass ich auf den Boden meiner Licht- und Schattenseiten komme. Ein Vorgang der Desillusionierung findet statt, denn ich komme nicht umhin, nachzuspüren, woraus der Haufen alter

Ablagerungen sich gebildet hat. Es sind Kindheitsschlacken, Worte, die mich einst entwerteten, die ich längst hinter mir gelassen zu haben meinte. Aber solange dieser Bodensatz sich zeigt, wirkt er als haltende bremsende Kraft.

Es ist nicht das erste Mal, dass ich auf inneren Schutt stoße, der endlich entsorgt gehört, denn er nimmt Platz ein, den ich für anderes dringend brauche. Weg damit! Wie bekomme ich seelischen Ballast aus mir heraus? Diesmal reicht das Ausräumen des Kleiderschrankes nicht. Der Wunsch nach seelischem Großputz bewegt mich; die Zeit scheint reif dafür zu sein. Endlich weiß ich, wie ich es verwirklichen möchte: Ich möchte fasten, mich auf diese Weise von körperlichen und seelischen Ablagerungen trennen. Körpergewicht verlieren, wieder leichter werden, mich von Lasten lösen. Aber das würde mir nur in einer Gruppe mit anderen Menschen gelingen. Ich wollte richtig fasten, heilfasten. Endlich sollte Schluss sein mit den plötzlichen Fastenanfällen, die nach wenigen Tagen am Eisschrank mit der Suche nach etwas Essbarem enden.

Die neue Leichtigkeit des Fastens

Ein neues Wort kreiste in meinen Gedanken: heilfasten. Durch Nichtessen ein neuer Mensch werden, sich eine Auszeit gönnen, einen R*etreat,* den Körper entschlacken, damit im leib-seelischen Verbundsystem große Wäsche gewaschen wird. Umgeben von einer reizvollen Waldlandschaft faste ich drei Wochen mit Frauen zusammen. Ich bin umgeben von Frauen, nichts als Frauen, Weiblichkeit pur und unverkrampft. Alle tragen im Gesicht den gleichen Sehnsuchtsblick, der nach erfasteter Leichtigkeit Ausschau hält. Endlich mal wieder ohne zu schummeln auf einer Waage stehen zu können, den Blick aufs Zifferblatt aushalten und nicht mit beschönigendem Fluchtverhalten reagieren zu müssen.

Wohltuende Stille im Haus und drumherum wird spürbar. Ein tiefes Ausatmen bestätigt: das ist ein Ort, an dem ich die Wochen gut verbringen kann. Zum ersten Mal am Tisch im Speisesaal bei den mitfastenden Frauen. Die Spannung der Erstbegegnung wandelt sich rasch in ein lebendiges Erzählen und Zuhören. Am zweiten Tag beginnt Vertrautheit zu wachsen, der Fastenalltag wird karikiert. Wenn so viel die Rede ist von den Stoffwechselvorgängen im Körper, Stoffwechselproblemen, Einläufen und sie begleitenden Empfindungen, muss einfach auch abgelästert werden. Wenn die Einheit von Leib, Seele und Körper erfahren werden soll, darf der seelische Stuhlgang nicht zu kurz kommen. Auch dies gehört zu den lösenden Prozessen des Fastenvorgangs: sich der Kraft des

Lachens wieder bewusst werden, spüren, wie nach gemeinsamem Gelächter Leichtigkeit sich ausbreitet, die Alltagsschwere verschwindet.

Nicht automatisch stellt sich die Leichtigkeit des Fastens ein, denn die braucht ihre Zeit. Wenn sich dann aber in der zweiten Woche die Waage sichtbar anders verhält als gewohnt, das Verhältnis der Kleidung zum schlanker werdenden Körper entspannter wird, manche Hose zu schlottern anfängt, dann wird sichtbar, fühlbar, wie der Wandlungsprozess des Fastens seinen guten Lauf nimmt.

Laufen in kleinen Gruppen mit leerem Magen – Staunen über die Leistungsfähigkeit des Körpers. Sensibel geworden für Gerüche, lerne ich die Höhenluft zu schätzen, auch wenn es regnet, schneit oder die Sonne scheint. Gehen und miteinander sprechen, stehenbleiben, ausatmen, die Aussicht genießen. Ein wohltuender Rhythmus entsteht.

Aber auch das Laufen ganz mit sich allein. Mein *grünes Plätzchen* finden am Wasserfall oder auf der Hochfläche der Wiesen. Stille. Lerchen schwirren jubilierend empor. Sitzenbleiben dürfen, einatmen, ausatmen. Körper, Seele und Geist weiten sich. Auf einmal bin nur ich wichtig. Niemand greift störend in dieses gute Fühlen ein. Es ist gut, dass ich bin!

Zum nährenden Ritual des Fastens gehört die Stunde am frühen Morgen in der Kapelle. In diesem sakralen Raum beginnt der Tag mit Stille. Sitzen, hören, in sich hineinhorchen, singen, beten und warten, bis der erste Strahl der Sonne die Fenster erreicht hat, die Dämmerung weicht. Ein neuer Tag beginnt; was wird er bringen? Gut ist es, einen Tag so zu begrüßen, Abschied von der Nacht zu nehmen. Und immer ist es das Spüren nach dem eigenen Standort, das Gewahrwerden dessen, was ich im Rucksack meines Lebens auf dem Rücken trage. Tränen dürfen fließen, Ängste finden Worte, Wünsche und Hoffnungen entzünden sich mit dem Licht der Kerzen. Es ist gut, an diesem Ort zu sein, zu spüren, wie die Stille meine Seele freut.

Aber auch tanzend und singend will sie sich ausdrücken. Und wenn die Koordination der Füße oft Mühe macht, so ergibt sich nach einer Stunde doch ein Ganzes. Tanzend in einer Gruppe mich bewegen, links eine junge Frau von dreißig Jahren, rechts eine Frau von über achtzig Jahren. Tanz zwischen den Generationen. Auf einmal verliert das Älterwerden seine negative Zuschreibung.

Schließlich ist der Tag des Fastenbrechens gekommen. Wehmut und Trauer machen sich breit. Es ist etwas vorbei. Wieder ist etwas vorbei. Es fällt mir schwer, vom Fasten Abschied zu nehmen. Ein Licht wird entzündet, leuchtet in die neue Zeit. Behutsam beginnt die Annäherung an das Essen. Ob die Leichtigkeit bleibt? Sie bleibt. Die innere Umstellung von Körper, Seele und Geist ist kein Eintagsfliegenerlebnis. Noch einmal die lieb gewordenen Wege gehen, Koffer packen, die Ruhe mit einpacken.

Mit guten Vorsätzen pflastere ich meinen Heimweg, brauche lange, mich aus dieser Ruheoase zu lösen, will mit den vielen Alltagsreizen sparsam umgehen, die neu gewonnene Freiheit durch das Fasten in mir behalten. Was schadet mir? Was raubt mir Kraft? Immer wieder hinterfrage ich meine Alltagsgewohnheiten. Muss das wirklich sein, im riesigen Supermarkt einkaufen, sich hinterher leer und ausgepowert fühlen? Langsam greifen die Veränderungen.

Dankbar bin ich für die Einsicht, mit meiner Lebenskraft verantwortlich umzugehen, die Tankstellen für Leib und Seele nicht nur in den Ferienwochen aufsuchen. Wo finde ich solche Tankstellen? Nach einiger Zeit bin ich bei Spaziergängen auf Plätze im Wald gestoßen, an denen ich mich wohl fühle. Im Ritual der Woche werden diese Orte zu den Rastplätzen, wo ich mich regeneriere und Altes zurücklasse. Kostbar werden Besuche bei Freunden oder Freundinnen.

Solche Erfahrungen brauche ich, seit mich die Wechseljahre verändert haben. Sie schenken mir das Gefühl, mit meinem Leben im Einvernehmen zu sein. Dann fühle ich mich am *roten Faden,* d.h. was ich tue, ist stimmig. Ich spüre, solche Erfahrungen sind Seelennahrung. Dann kommt die Taube wieder, denn sie sucht sich die stillen Zeiten aus, weiß um den Zeitpunkt meiner Offenheit für ihren Flügelschlag. Es gibt sie, die seelische Kommunikation; sie geschieht einfach, weil mein seelisches Internet vielfältige Impulse aussendet, die von anderen empfangen werden. Schwingungsenergie, die mich mit Gleichgesinntem verbindet.

Zeiten der Krankheit

Wer mag sie schon, die Zeiten der Krankheit? Wer empfängt den körperlichen oder seelischen Schmerz mit offenen Armen? Zu Beginn einer Erkrankung drückt eher ein Gefühl der Demütigung nieder, weil ein quälender Gedanke mir vorwirft, ich hätte versagt, schon wieder versagt, denn innerhalb kurzer Zeit hat es mich wieder erwischt.

Berufstätige kennen die Konfrontation mit Kollegen und Chefs, die stumm *schon wieder* murmeln. Ihnen ist anzumerken, sie hätten es lieber, die Pflicht würde erfüllt werden. Wenn aber der Körper anfängt, gegen die Arbeitsnormen zu rebellieren, die gewohnte Kraft verweigert, müde, schwach und ruhebedürftig wird, dann fängt der Kopf allmählich an zu begreifen, versucht die Warnsignale und Alarmrufe zu verstehen, kann eine matte Stimme endlich sagen: *Ich kann nicht mehr!*

In diesen Worten steckt die härteste Lektion der Wechseljahre. In den Jahren davor ist es meist nicht notwendig diesen Satz zu sagen, denn die

Verantwortung für die Familie ließ die notwendigen Kräfte wachsen. Aber nun geht es nur um mich, lerne mich von einer neuen Seite kennen, brauche den Schutz meiner Wohnung, und viele Wochen werden vergehen, bis ich wieder zu Kräften gekommen bin. Etliche Stunden muss ich in Wartezimmern verbringen, umgeben von kranken Menschen, deren Ängste und niedergedrückten Stimmungen ich teile. Die beschädigte Seite des Lebens tritt in den Vordergrund.

In Zeiten der Krankheit verlaufen die Tage langsam und ereignislos. Wieder geht es ans Eingemachte, in die inneren seelischen Bezirke, wo Einstellungen und Gewohnheitsmuster gehütet werden, die alle hinterfragt werden. Muss das sein? Brauche ich das wirklich? Über den Weg der körperlichen Beschwerden geschieht das langsame Sichlösen von alten Zwängen. Leichter soll es offensichtlich werden durch die Wechseljahre. Die gewandelte Frau der Menopause trägt nicht länger den schweren Rucksack ihrer Kümmernis. Neu eingekleidet trägt sie leichtere Gepäckstücke durch die neue Lebensphase.

In Zeiten der Krankheit scheint der weibliche Acker brachzuliegen. Alle Kraft fließt nach innen, wo die bisherige Balance der Kräfte gestört ist, sich wieder neu tarieren muss. Winterruhe herrscht; es ist noch nicht klar, wie es weitergehen wird, sorgende Gedanken dominieren. Wie gut tut es, von anderen bemuttert zu werden, krank zu sein und liebevolle Zuwendung zu genießen.

Gleichzeitig sind Krankheitszeiten immer auch gekennzeichnet durch Alleinsein und Gefühle der Einsamkeit. In solchen Stimmungen können die existentiellen Fragen nach dem Sinn des Lebens auftauchen, weil der ungewisse Krankheitsverlauf die Grundlagen des bisherigen guten Lebensgefühls ins Wanken bringt. Gedanken an den Tod drängen sich auf, und erinnern daran, dass alles Leben ein Ziel hat.

Während der Wechseljahre findet die Auseinandersetzung ums Älterwerden auch einen Niederschlag in den Phantasien, die ums Sterben kreisen. Häufig werden sie hervorgerufen durch einen Todesfall im engeren familiären Umfeld. Wenn die alten Eltern sterben, ändert sich die Generationenfolge, steht die Frau in den Wechseljahren auf einmal in der vordersten Reihe. Das geschieht nicht aus freiem Entschluss, es ist der Lauf der Welt.

Ob die Wechseljahre auch Krankheiten mit sich bringen, kann niemand voraussagen. Im Gesprächen mit Frauen wird die Angst vor Erkrankungen in dieser wechselvollen Zeit oft genannt. An erster Stelle stehen dabei Krebserkrankungen. Wenn eine Freundin im Krankenhaus an der Gebärmutter oder an der Brust operiert wird, dann wächst die eigene Furcht und Unsicherheit. Wer weiß, vielleicht bin ich die nächste, die es erwischt.

Zum Glück hat es im Bereich der Behandlung von Erkrankungen während des Klimakteriums viele positive Veränderungen gegeben. Wurden früheren Frauengenerationen häufig aus falschem medizinischen Eifer vorsorglich die Eierstöcke und die Gebärmutter entfernt, weil sie nach der herrschenden Denkweise unnütz, überflüssig und krankheitsverursachend waren, hat sich das geändert. Doch bleibt es vielen Frauen nicht erspart, den Weg der Krankheit zu gehen.

Abstiege

Krankheiten können ganz plötzlich ausbrechen, überfallen Körper und Seele, lähmen den Geist. Manche Frau erlebt diesen Vorgang wie einen Abstieg, liegt im Bett und trauert um die verlorene Freude. Wenn ihr Körper müde geworden ist, wirkt auch die Seele erschöpft, will kein Lachen mehr gelingen, weil die Kraft für die Aufschwünge der Heiterkeit nicht mehr zur Verfügung steht. In solchen Tagen und Wochen kann es geschehen, dass viele Träume ins Bewusstsein strömen, intensives Nachdenken und Nachsinnen in Gang kommt. Manche Träume bringen längst Vergangenes ans Licht, andere wieder weisen in die Zukunft. Nicht selten entfaltet sich die heilkräftige Wirkung der Träume.

Doch zunächst geht es bergab, manchmal ins finstere Tal, in dunkle Auswegslosigkeiten.

Im Traum bewege ich mich in einer dunklen, fast schwarzen Höhlenlandschaft. Der Weg führt entlang eines Flusses, dessen Wasser sich schmutzig durch die Gegend wälzt. Niedergedrückt gehe ich am Ufer entlang, habe Angst, ins Wasser zu fallen, sehe immer wieder grässliche Wesen nach mir greifen. Aber ich kann ausweichen, drücke mich an die kalten Felsen und friere. Niedergeschlagen muss ich diesem bedrohlichen Strom folgen.

Das Aufwachen aus einem solchen Traum ist nicht schön. Wenn das Unbewusste mich zwingt, dem dunklen Wasser meiner Seele zu folgen, wird mein Leben schwer und depressiv. Niemand kommt um solche Erfahrungen herum, denn die Ambivalenz des menschlichen Lebens verlangt danach, auch mit dieser Seite in Kontakt zu kommen. Da in Zeiten der Krankheit der Radius an Aktivitäten eingeschränkt ist, drängen vermehrt Bilder und Gefühle ins Bewusstsein, die darauf verweisen, dass das Leben nicht nur aus positiven Ereignissen besteht. Das weiß der Kopf schon lange, doch nun drückt es mein Körper aus, und schwere Träume färben die Räume meines Inneren.

Im Wandlungsgeschehen der Wechseljahre sind Zeiten der Depression keine Seltenheit. Im Loch sitzen, und niemand wirft ein Seil herunter, um herausklettern zu können. Aushalten heißt die Devise. Halte aus in dieser schweren Befindlichkeit und lass geschehen. Alle Zuversicht scheint entschwunden. Der Kopf wehrt sich gegen die Situation, kann den Sinn nicht begreifen. In solcher Dunkelheit kann eine Kraft wachsen, die das Durchhalten ermöglicht. Irgendwann fließt dann wieder klares Wasser und erfrischt die ausgetrocknete Seele. Dankbar blicken die Augen ins helle Sonnenlicht, weil mir solches widerfährt.

Wenn von vielen Frauen nach den Wechseljahren gesagt wird, sie strahlen Vitalität, Begeisterungsfähigkeit und Daseinsfreude aus, dann hängt das mit den dunklen Erfahrungen in dieser Zeit zusammen, den Abstiegen und Abschieden, die es zu durchleiden gilt, mit der abgeschlossenen Trauer um einen vergehenden Teil des Lebens. Stärke, Hoffnung und ein neues Wissen um die Unwägbarkeiten menschlicher Existenz werden zum Geschenk der durchstandenen Dunkelheit.

Ablösung vom Elternhaus

Gegen diese Überschrift kann sich Widerspruch melden, denn das scheint ein Thema für Jugendliche in der Pubertät zu sein. Aber in jeder Entwicklungsphase stellt sich die Frage nach Mutter und Vater neu, geht es immer wieder darum, sich den

Verletzungen und Verwundungen aus Kindheit und Jugend zu stellen, um sich auszusöhnen mit den unerfüllt gebliebenen Bedürfnissen und Wünschen. Auch während der Wechseljahre erhält jede Frau die Chance, seelischen Ballast, der aus dem Elternhaus stammt, wegzuräumen. Aus dem Abstand ihrer Lebensjahre kann sie auf die Ereignisse ihrer Biografie mit anderen Augen blicken als damals in der Pubertät. Immer wieder wollen vergangene Begebenheiten in der jeweiligen Gegenwart neu bewertet und gesehen werden; schließlich machen sie einen wichtigen Teil des Lebens aus und versorgen durch die Auseinandersetzung auch mit der Energie, welche das Erinnern begleitet.

Vera, die seit Jahrzehnten in großer Distanz zu ihrem Elternhaus lebt, wundert sich über den Wunsch nach Annäherung an die alten Eltern. Eine intensive und harte Zeit der Auseinandersetzung beginnt, gegen die sie sich immer wieder wehrt, denn bisher war sie mit der Devise, nur keinen Clinch mit den Alten zu beginnen, gut gefahren. Doch nun belebt die Dynamik seelischer Prozesse während der Wechseljahre die Geschichte mit ihren Eltern. Längst vergessene Ereignisse, die meist mit unangenehmen Gefühlen verbunden waren, melden sich. Im Vordergrund geht es um die Streitereien mit den Geschwistern, bei denen sie sich von den Eltern verlassen fühlte. Erfüllt von aufsteigender Wut erkennt sie, die anderen Familienmitglieder haben sie nie unterstützt. Nie war der Vater auf ihrer Seite, wenn es Konflikte gab. Stets trugen ihre Brüder den Vorteil davon, wurden gehätschelt von der Mutter, welche die Rechte ihrer Tochter nur selten unterstützte. Veras Besuche bei den Eltern werden schwierig, denn der Wunsch nach Klärung macht sie hart und ungerecht. Getrieben vom Wunsch, nichts zu verschweigen, wird sie unerbittlich und rachsüchtig.

Der lange Prozess der Auseinandersetzung verläuft sich in Sackgassen. Es ist eigentlich alles gesagt, und doch verändert sich nichts, denkt Vera. In dieser Zeit hat sie einen Unfall, fällt ungeschickt vom Fahrrad, bricht sich den linken Knöchel und wird zur Ruhe gezwungen. Der komplizierte und schlecht heilende Bruch macht einen längeren Aufenthalt in einer Klinik erforderlich. Vera fängt an, ihr Leben aufzuschreiben, stößt dabei immer wieder auf das Kind, das sie war, das Mädchen in der zweiten Reihe, das unter der Zurücksetzung leidet. Über den Schmerz im gebrochene Knöchel meldet sich der Schmerz des nicht wahrgenommenen Kindes. An Krücken humpelnd verbringt sie einige Tage bei den Eltern, wird heimgesucht von Schuldgefühlen, den Alten ihre Fehler vorzuhalten, spürt, wie sie sich wieder einpasst, das alte Muster abläuft. Doch gleichzeitig wird etwas frei in ihrem Inneren.

Eine Stimme in ihr sagt: „Du sollst Vater und

Mutter verlassen!" Aber gleich meldet sich die Gegenstimme, „Du kannst doch so etwas deiner Mutter und deinem Vater nicht zumuten, schließlich waren sie die Garanten deines Lebens!" Viele Wochen dauert dieser Konflikt zwischen der Loyalität den Eltern gegenüber und dem Wunsch nach Eigensein. Endlich überwiegt die Gewissheit, richtig zu handeln, weicht der Schmerz über den Mangel des Elternhauses. Vera söhnt sich aus mit Fehlern und Versäumnissen, kann ihr eigenes Stehvermögen, ihr Durchsetzungsvermögen und ihre Lebenstüchtigkeit nun besser bewerten. Im folgenden Traum zeigt sich die große Veränderung:

Vera läuft durch die Landschaft ihrer Heimat, und kommt an einen Hohlweg. In der Erde zeichnen sich tiefe Spuren und Furchen ab. Sie hat große Mühe, vorwärts zu gehen, denn immer wieder rutschen ihre Füße in die ausgefahrenen Spuren.

Beim Aufwachen geht ihr der Satz durch den Kopf: *Endlich eigene Spuren ziehen, endlich in meiner Spur mich bewegen!* In der Phantasie geht sie noch einmal in das Traumgeschehen hinein, spürt, wie sie müde wird, entmutigt durch den alten Trott. Plötzlich klettert sie beherzt den Hang hinauf und gelangt auf eine große grüne Wiese. Sie weiß sofort, das ist es, was sie will, auf eigenen Füßen eine Spur ziehen. Barfuß läuft sie über das Gras, spürt die Erde, und ein beglückendes Gefühl durchströmt sie. Endlich darf ich mich frei und ungehindert bewegen. Ja, ich habe Vater und Mutter verlassen, und ich gehe in das Land, das meine Heimat ist. Der Schlagbaum an der Grenze ins neue Land ist offen.

Die schwere Zeit der Krankheit geht dem Ende zu, der Bruch des Knöchels ist verheilt. Vera fühlt sich wieder verbunden mit guter Lebensenergie.

Im Traum steht sie auf einer grünen Wiese. In einiger Entfernung kommt ein kleines helles Mädchen auf sie zu, das einen Ball in der Hand hat. Es legt ihn auf den Boden, stößt ihn mit dem Fuß an. Der Ball rollt über die Wiese zu Vera.

Jetzt habe ich's, jetzt bin ich so weit, denkt sie. Das Kind, das ich einst war, steht nicht länger unbeachtet in der hinteren Reihe, es will spielen, es bringt mich in Bewegung, denn ich bin am Ball mit ihm. Das Leben meint es wieder gut mit mir. Vorbei ist die Zeit der Krücken, tragen mich wieder meine Füße, kümmert nicht länger, was Mutter oder Vater getan hatten. Der Ball rollt in meine Zukunft.

Einen neuen Standpunkt finden

Häufig taucht in den Träumen während der Wendezeit des Klimakteriums das Motiv der Schuhe auf. Manche Träumerin stellt beschämt fest, dass sie bei einer festlichen Abendveranstaltung Kinderschuhe trägt und am liebsten in den Boden versinken will. Der Blick in den entlarvenden Spiegel des Traums tut weh, regt aber zum Nachdenken an, denn er zeigt ungeschönt, dass die Träumerin in Schuhen einher geht, die nicht ihrem Alter angemessen sind. Ein solches Traumbild wird sofort verstanden.

Renate, Kassiererin im Supermarkt, hat große Mühe mit der Umstellung ihres Hormonhaushaltes. Nachts schläft sie kaum und hat Angst, ihr Körper brenne aus. So kraftlos fühlt sie sich und arbeitet trotzdem weiter, denn ihre Familie ist auf ihre zusätzlichen Einkünfte angewiesen. Der folgende Traum gibt ihr zu denken.

Sie läuft in bequemen, aber schon etwas ausgetretenen Schuhen eine Straße entlang, wird angelockt vom hellen, warmen Schein des Lichtes, das aus einem großen Haus herausstrahlt. Zu ihrer eigenen Überraschung zieht sie die Schuhe aus, betritt das Haus auf Strümpfen. Dort bewundert sie kostbare Gegenstände, fühlt sich sehr angesprochen von der Atmosphäre der Räume. Als sie am Ende das Haus verlässt, stellt sie erschrocken fest, ihre Schuhe sind nicht mehr da.

Das Aufwachen ist von Trauer begleitet. Schnell wird ihr klar, es ist der Verlust der Schuhe, der sie so betrübt. Ausgerechnet ihre bequemsten Schuhe, in die sie stets so gerne hineingeschlüpft ist, sind verschwunden. Solche Schuhe finde ich nie wieder, denkt sie und durchwandert in Gedanken die Jahre, in denen sie diese Schuhe an den Füßen hatte. Es waren durchweg gute Jahre. Beruf und Familie hatte sie ohne Mühe unter einen Hut gebracht. Doch in den letzten Monaten häufen sich Beschwerden und zunehmende Schwächeanfälle zwingen sie zu einer langsameren Gangart und sie ahnt, der Traum bereitet sie darauf vor.

Wer von Schuhen träumt, wird mit seinem Stand in der Welt konfrontiert. Schuhe verweisen auf den eigenen Standpunkt. Wenn Vera ihre Schuhe auszieht, hat das zum einen mit der besonderen Atmosphäre des Hauses zu tun, in das sie tritt. In früheren Zeiten zogen die Menschen beim Eintritt in einen religiösen Raum die Schuhe aus als Zeichen der Demut und Offenheit. Zum anderen zeigt das Verschwinden der Schuhe, dass es an der Zeit ist, sich um neue zu kümmern, denn irgendwann ist auch der bequemste Schuh ein altes Relikt, von dem es sich zu trennen gilt. Renates Einstellung ihrer Familie, ihrem Beruf, vor allem aber sich selbst gegenüber, erfährt eine große Veränderung. Vieles relativiert sich, was vorher wichtig war.

Während der Wechseljahre will in jeder Frau eine neue Einstellung sich selbst und der Welt gegenüber wachsen. Bis dahin gültige Standpunkte müssen aufgegeben werden, denn die künftigen

Herausforderungen dieser Entwicklungszeit lassen sich nur mit neuem Schuhwerk, das eine feste Bodenhaftung ermöglicht, angehen. Die Frau in der Menopause weiß, was sie nicht selbst anpackt, wird sich nicht realisieren. Nüchtern geworden blickt sie um sich, überprüft ihre Wünsche, auch die, welche in den innersten Geheimfächern versteckt sind. Sie weiß: jetzt geht es darum, das Verborgene mit der Außenwelt in Korrespondenz zu bringen. Wer so nüchtern geworden ist, kann vermehrt aus der Tiefe des eigenen Instinkts leben, der zeigt, wo es langgeht, angibt, wann der richtige Zeitpunkt für eine Entscheidung gekommen ist.

Aber viele Frauen tun sich sehr schwer damit, nicht länger auf die Lösungen, die von anderen kommen, zu hoffen. Sie verzetteln sich, anstatt entschlossene Schritte zu gehen, ihre eigenen Fähigkeiten und Begabungen wichtig zu nehmen. Gewohnt, das geschützte Zuhause als ihren Wirkungsort anzusehen, müssen sie lernen, die Grenze zum öffentlichen Leben zu überschreiten, um sich neue Wirkungsfelder zu erobern. Darüber hinaus neigen Frauen dazu, ihre geistigen Produkte minder zu bewerten. Sie winken ab, sobald sie auf ihre selbst verfassten Gedichte und Geschichten angesprochen werden. Ein Leben lang mussten sie sich mit dem Mangel an Eigensein arrangieren, weil meist die Bedürfnisse anderer an erster Stelle standen, so gingen die eigenen Wünsche verloren.

Bleibt aber ihr geistiges Potential eingesperrt, finden sie auch nicht die Entfaltungsspielräume, nach denen sie sich im Grunde genommen sehnen. Die neu sich entfaltende schöpferische Kraft der Wechseljahre will den bisherigen Mangel ausgleichen.

Im Gespräch mit älteren Frauen zeigt sich, dass bei vielen während des Klimakteriums eine Quelle der Kreativität aufgebrochen ist, die es ernst zu nehmen gilt. Sie will frei fließen, damit die guten Erfahrungen im Umgang mit schöpferischen Kräften das Daseinsgefühl bereichern können. Das ist ja gerade das Schöne an dieser Umbruchszeit, dass sie bei aller Mühsal und Beschwernis Türen öffnet in neue Räume eigenverantwortlichen Tuns. Eine solche Tür ging für Irene auf, die nach der Operation aus der Narkose aufwachte und die erste Zeile eines Gedichtes im Kopf hatte. Zeile nach Zeile gestaltete sich fast wie von allein. So entstand ein langes Gedicht, das ihr Trost zusprach und bei der Verarbeitung ihrer Krebserkrankung half. Mit der Zeit wurde sie sich und ihren geistigen Kindern, den Gedichten, gegenüber sicherer, las sie vor im Freundeskreis, freute sich an der guten Resonanz und musste immer davon erzählen, wie es dazu gekommen war. Ohne Zweifel drängt es den weiblichen Schöpfergeist danach, sich auszudrücken!

Der weibliche Geist will aus der Flasche

Gegen Ende meiner Wechseljahre hatte ich folgendes Traumbild:

Eine große bauchige Glasflasche steht vor mir. Auf einmal steigt aus dem Flaschenhals ein weibliches Geistwesen hervor, dessen Gesichtszüge Ähnlichkeit mit meiner Mutter haben.

Erstaunt war ich über dieses Bild, aber auch tief befriedigt, denn es machte klar, wie sich weibliche Geisteskraft aus dem Gefäß der Flasche ausbreitet, um in die Luft zu gelangen. In der Vergangenheit war es ja meist so, dass Frauen geistige Fähigkeiten abgesprochen wurden. So waren sie im Gefäß ihres weiblichen Körpers ein Leben lang gefangen. Das Traumbild aber drückt die Transformation des weiblich-mütterlichen Geistes aus, der am Ende der Wechseljahre frei wird.

In früheren Kapiteln war die Rede von weiblichen und männlichen Hormonen und dem neuen Mischungsverhältnis, das sich während des Klimakteriums einstellt. Wenn die männlichen Kräfte von größer werdender Bedeutung werden, dann verändert sich auch das Bild des Männlichen in Frauen. Vielleicht hängen die in den entsprechenden Kapiteln erwähnten Schwierigkeiten, die mache Frauen mit der Zunahme ihres aggressiven Potentials oder den flammenden Feuerzeichen auf ihrer Haut haben, auch mit den Erfahrungen zusammen, welche die Frauen mit Männern ihres persönlichen Umfeldes gemacht haben. Diese wirken mit an den inneren Abbildern des Männlichen und beeinflussen Meinungen und Standpunkte. Da die Entwicklung dieses männlichen Anteils, dem Animus, in Märchen und Mythen meist als ein sehr langer und nicht einfacher Weg dargestellt wird, kann es im realen Leben einer Frau schon bis zu den Wechseljahren dauern, bis dieser Prozess zum Abschluss kommt. Von daher gesehen gehören Auseinandersetzungen mit Vertretern des männlichen Geschlechts wie Ehemänner, Väter, Chefs, Brüder und Onkel zu diesem Entwicklungsweg, der gekennzeichnet ist von dem Bemühen, die vielfältigen Animuskräfte zu integrieren. Erst dann kann sich diese Seite weiblichen Geistes ungehindert zeigen, wird der Animus zum Brückenbauer der in die geistigen Räume der inneren und äußeren Welt führt.

Wer als Frau die Rückkehr des verwandelten Animus erfährt, lässt sich anstecken von der Wärme seines Geistes und ist bereit, sich auf geistige Abenteuer einzulassen. Befreit von der Einpassung in den monatlichen Zyklus, kann die Frau nach den Wechseljahren ihre ganze Kraft verwenden für das, was sie gestalten will. Ihre Kraft kann nun verlässlich und kontinuierlicher fließen, wird nicht mehr unterbrochen von den oft kraftraubenden Tagen der Menstruation. Endlich verfüge ich über meine Kraft, meinte eine Frau, die während der Blutungstage sich immer müde und ausgelaugt gefühlt hatte. Endlich kann ich mich dieser neuen Kraft vertrauensvoll öffnen.

Ausblick

Irgendwann verläuft der große Umwälzungsprozess der Wechseljahre in ruhigeren Bahnen. Die letzte Blutung liegt nun schon lange zurück, die Hitzewallungen sind weniger geworden, und eine erste Ahnung, es geschafft zu haben, breitet sich aus, verdichtet sich in einem Traum. Da das Unbewusste weiter blickt, bereitet es auf die Zukunft vor.

Ich sehe das gemalte Porträt einer älteren Frau. Es ist ein schönes Gesicht. Als ich es anschaue, weiß ich, das bin ja ich, wenn ich älter geworden bin.

Dieser Traum hatte etwas sehr Tröstliche, denn das Älterwerden zeigte sich in einem schönen Gesicht. Alle Angst vor dieser kommenden Lebensphase wird durch die gute Energie des Traums beseitigt. Es ist, als ob mich der Traum einübt im Weiterwachsen, mir vermittelt, es gibt kein Ende der Entwicklung. Gleichzeitig wächst die Gewissheit, dass sich mit dem Ende der Wechseljahre das

Leben rundet. Wenn das Leben rund wird, dann fühlt es sich gut an, darf ich innehalten, mich über das Erreichte freuen. Wenn das Leben rund wird, ist das mühsame Geschäft der inneren Arbeit vorbei. Eine Phase meines Lebens hat sich vollendet, gibt mich frei, damit ich weitergehen kann ins neue Land.

Spürbar wird bei vielen Frauen, wie die sich während der Wechseljahre befreiende Energie gestalten will, Kanäle sucht, in die sie fließen kann. Veränderte körperliche, seelische und geistige Kräfte wirken. Sie können in eine neue, sehr fruchtbare Zeit führen, die unter dem Motto *Du darfst!* steht und der Frau nach den Wechseljahren zuruft: *Trau dich!* Schneide dir aus dem Kuchen deines Lebens das Stück heraus, das du haben möchtest. Sei nicht kleinlich, denn du weißt ja inzwischen, was du brauchst, um deinen Lebenshunger zu stillen.

Die große Daseinsfreude, welche so viele Frauen nach dem Klimakterium erfüllt, hängt mit diesem Geschenk des Dürfens zusammen. Über die Jahre ist das Wissen darum in Körper, Seele und Geist eingegangen und wirkt mit bei allen anstehenden Entscheidungen. Gerade weil die Zeit der Mutterschaft und der Gebundenheit an die körperlichen Vorgänge des Zyklus einem *Du musst, du hast keine andere Wahl!* gleicht, bricht dieses neue Freiheitsgefühl auf. Großzügig geworden, werden nun alle Fächer geöffnet, auf denen steht: *Was ich mir schon immer wünschte!* Das tiefe Wissen um die kürzer werdende Lebenszeit ist dabei ein wertvoller Antrieb.

Vielfalt prägt die Landschaft des Weiblichen auch nach den Wechseljahren. Die Metamorphose ist vollendet. Nicht immer will die frei werdende Kraft in Projekte fließen. Manchmal will sie sich verströmen in Stunden der Freude. Am Weiher sitzen an einem Frühsommerabend, wenn die Fische springen. Sitzen und schauen, den Alltag vergessen, die Gedanken ausruhen lassen und danach nach Hause gehen mit der Gewissheit, die Welt um mich herum ist schön und ich bin Teil von ihr.

Dürfen wird zu einer neuen Maxime des Handelns, und das heißt: endlich habe ich das Recht, etwas zu *haben,* denn dürfen hat mit *brauchen* zu tun, ich *bedarf etwas, ich habe es nötig.* Weit ist das Feld der Bedeutung des Wortes *dürfen.* Es führt zu *genießen* und satt werden. Endlich Befriedigung finden, sich freuen, genug bekommen. Endlich aus vollem Herzen sagen können, ich lebe gerne, und jeder Tag macht mich neugierig auf den nächsten.

Vorbei ist die Zeit der Beschwerden und Klagen. Dankbar für jeden gesunden Tag schaut die Frau nach den Wechseljahren neugierig in ihr neues Leben. Ein neues Selbstbewusstsein ist gewachsen. Jetzt, wo klar ist, dass die schwierige Zeit um ist, zeigt sich der eigene Wert unverhüllt und frei. Aber es gibt keinen Stillstand, nichts lässt sich festhalten. Das weiß die Frau nach den Wechseljahren, denn sie hat die Tiefen des Lebens kennen gelernt, spürt das gleichmäßige Vorrücken des Zeigers. Gerade dieses Wissen wird zum Quell der Lebensfreude. Pflücke den Tag! Was will ich heute?

Du darfst, sagt das Leben, nimm, was du brauchst. Grenzen scheinen aufgehoben. Trau dich, auch wenn es danebengeht, sagt eine innere Stimme. Wenn es schief geht, geh gnädig mit dir um. Wer weiß, wozu es gut war. Auf einmal gibt es kein richtig oder falsch mehr, denn was heute sich als falsch erwies, kann den Keim in sich tragen, aus dem Neues wächst.

Anregungen zum Weiterlesen

Cora Creuzfeldt-Glees, „Das praktische Hormonbuch". Herder 2000.

Gertrud Ennulat, „Wo die Waldfrau wirkt". Walter 1996.

Gertrud Ennulat-Rupp, „Die Ölmühle – ein Familienschicksal". Braun 1999.

Anselm Grün, „50 Engel für das Jahr". Herder 1997.

Barbara Black Koltuv, „Das Geheimnis Lilith: oder die verteufelte Göttin". Goldmann 1988.

Ingrid Riedel, „Die gewandelte Frau". Herder 1998.

Lebenslust

Ruth Eder
Endlich leben wie ich will
Frauen in der Lebensmitte
Band 5511

Ein Buch, das Mut macht für die dritte Lebensphase, das in Veränderungen Chancen entdeckt, das die Möglichkeiten der 50er in ihrer Fülle eröffnet.

Christian Kuhn
Heilfasten
Heilsame Erfahrung für Körper und Seele – Fasten nach der Buchinger-Methode
Band 5504

Der Autor informiert über körperliche Abläufe und erschließt spirituelle Quellen.

Ingrid Riedel
Die gewandelte Frau
Vom Geheimnis der zweiten Lebenshälfte
Band 4892

Ingrid Riedel zeigt, wie Frauen neue Perspektiven, Freiheiten und Vertrauen entdecken und erleben können, auch in Zeiten der Krise.

Irmtraud Tarr Krüger
Das Leben meint es gut mit dir
Anregungen zur Lebenslust
Band 4786

Von der Körperübung über die Imagination bis zur Massage: sich jeden Tag ein bisschen selbst verwöhnen.

Cora Creutzfeldt-Glees
Das praktische Hormonbuch
Was ich wissen muß, um mich richtig zu entscheiden
Band 4766

Antworten auf die vielen Fragen zum „Thema Hormone" in den verschiedenen Lebensphasen.

Ingrid Riedel
Lebensträume – Lebensräume
Stufen inneren Wachstums
Band 4903
Es wird möglich, neue Räume zu entdecken, sowohl in der eigenen Seele, als auch in der äußeren Wirklichkeit.

Christine Swientek
Zu Besuch bei alten Damen
Mit Eigensinn, Witz und Charme – außerordentliche Porträts
Band 4774
Ob sie nach Afrika fahren, um dort eine Schule zu unterstützen oder im Lande bleiben – sie sind voller Power und Engagement, voller Charme und Energie. Frauen, die ihr Leben aktiv in die Hand nehmen.

Christine Swientek
Mit 40 depressiv, mit 70 um die Welt
Wie Frauen älter werden
Band 4909
Älterwerden nicht als Last, sondern als Lust und Chance.
„Dieses Buch ist eines der positivsten und handfestesten, die es zu dieser Thematik gibt" (Frankfurter Rundschau).

Christine Swientek
Mal sehen, was das Leben noch zu bieten hat
Das fünfzigste Jahr oder die bessere Hälfte des Lebens
Band 4298
Noch einmal ganz neu anfangen: In der zweiten Lebenshälfte kann frau selbst entscheiden, wie es weitergehen soll. Ein heiter-freches Tagebuch.

Stella Weller
Yoga für ein langes Leben
Einfache und gesundheitsfördernde Übungen für jeden Tag
Band 4685
Stella Weller zeigt mit vielen Beispielen, wie Yoga das Befinden positiv beeinflußt und gibt Tips, wie man auf einfache Weise Zugang zu den eigenen Energien findet.